정완상 선생님이 쓴
조선과학왕조실록

물리 편 II

정완상 선생님이 쓴
조선과학왕조실록
물리 편 II

지은이 • 정완상
그린이 • 정일문
펴낸이 • 조승식
펴낸곳 • 도서출판 이치SCIENCE
등록 • 제9-128호
주소 • 142-877 서울시 강북구 라일락길 36
www.bookshill.com
E-mail • bookswin@unitel.co.kr
전화 • 02-994-0583
팩스 • 02-994-0073

2008년 10월 30일 1판 1쇄 인쇄
2008년 11월 5일 1판 1쇄 발행

값 8,800원
ISBN 978-89-91215-99-3
ISBN 978-89-91215-97-9(세트)

* 잘못된 책은 구입하신 서점에서 바꿔 드립니다.
· 이 도서는 (주)도서출판 북스힐에서 기획하여 도서출판 이치사이언스에서
  출판된 책으로 도서출판 북스힐에서 공급합니다.
   142-877 서울시 강북구 라일락길 36
   전화 • 02-994-0071 팩스 • 02-994-0073

정완상 선생님이 쓴

조선과학왕조실록

물리편 II

정완상 지음 | **정일문** 그림

이치 SCIENCE

머리말

우선 이 책이 조선시대의 역사책이 아니라는 점을 밝혀 둡니다. 만일 세종대왕이 한글 창제뿐만 아니라 더 많은 과학 이론들을 발표하였다면, 글씨와 시에 탁월한 능력을 보였던 조선 최고의 기녀 황진이처럼 과학에 유능한 여성 과학자들이 있었다면 등등 이런 가능성을 상상해 보며 이 글을 썼습니다. 과학이란 호기심과 상상에서 출발하는 것이기 때문입니다.

따라서 이 책에 등장하는 주요 인물들은 친근감을 주는 실존 인물들이지만 그 인물의 성격이나 업적, 상황에 따라 전개되는 사건들은 모두 허구임을 밝혀 둡니다. 조선왕조를 조선과학왕조로 설정하고 다시 쓴 내용임을 명심해 주십시오.

조선과학왕조를 새로 창건하는 데 많은 고민이 있었지만 이 책을 썼던 시간만큼은 매우 재미있고 신나는 경험이었습니다. 글이란 쓰는 사람의 관점에 따라 매우 다양하고 재미있는 결과를 가져온다는 것도 알았습니다.

물리 편 이후 화학, 수학, 생물, 지구과학이 이어 나올 것이며 각 과목은 태조 이성계부터 선조까지는 1권, 광해군부터 순종까지는

2권으로 나누어 구성되었습니다.

우리가 익히 알고 있었던 역사적인 사건을 과학으로 재구성하였으니 과학에 전혀 관심이 없는 독자들도 낯설지 않게 이 책을 가지고 과학을 만나 보라고 권하고 싶습니다. 또한 이 책을 계기로 지난 우리의 역사에 대해서도 관심을 가졌으면 좋겠습니다.

조선과학왕조 물리 편에서 다루는 내용들은 초등학교와 중학교 교과서에 나오는 물리입니다. 달리는 말을 타고 가면서 던진 사과에 맞아 죽은 정몽주의 이야기, 물체의 관성을 이용한 왕자의 난 대작전, 상대속도를 이용해 벽계수의 마음을 빼앗은 황진이, 물풍선을 이용하여 왜적을 물리친 행주 물풍선 대첩 등 조선의 역사를 읽듯 재미를 만끽하며 물리를 알아갈 수 있도록 꾸몄습니다.

끝으로 이 시리즈를 내는 데 많은 도움을 주신 이치 사이언스의 조승식 사장님과 모든 식구들에게 감사를 드립니다.

진주에서
정완상

조선과학왕조의 탄생

고려왕조를 무너뜨린 조선과학왕조는 1392년 태조 이성계에 의해 건국되었다. 불교를 숭상하던 고려왕조 대신 과학을 사랑하는 이성계는 나라의 근본이념을 과학으로 삼았다.

이로 인해 조정은 과의정*, 우의정, 좌의정의 삼정승과 과조**, 이조, 호조, 병조, 예조, 형조가 있었다. 과의정은 지금의 국무총리와 같은 역할을 했는데 주로 조선과학왕조의 과학을 발전시키는 데 주력했고 생활 속에서 벌어지는 많은 과학적인 일들은 과조가 맡아서 했다. 과조는 6조 중의 으뜸으로 과조 판서는 가장 영향력이 있었다.

그러므로 조선과학왕조에서 과의정이 되기 위해서는 태종 때부터 시행된 과학과거시험에 급제하여 과학 관료로 일하다가 과조 판서를 거쳐야만 했다.

그 외에도 조선에는 과학 관련 부서가 많았다. 세종 때 만들어

- 과의정은 조선과학왕조의 영의정을 말한다.
- ●● 조선과학왕조의 과조는 조선왕조의 공조를 대신한 자리다.

진 과학현전은 젊은 과학자들이 자유로이 자신의 과학 연구를 할 수 있는 국립과학기술원으로서 조선과학왕조의 발전에 큰 기여를 했다.

조선과학왕조의 역사 실록은 대과학 대감의 사회로 사건 관련 당사자와 관련 과학자들이 참석해 난상 토론이 벌어지는 원탁회의에서 결정되는데, 이것을 조선과학왕조 실록회의라고 부른다.

이 책은 조선과학왕조 실록회의에서 토론된 주요 사건들을 정리한 것이다.

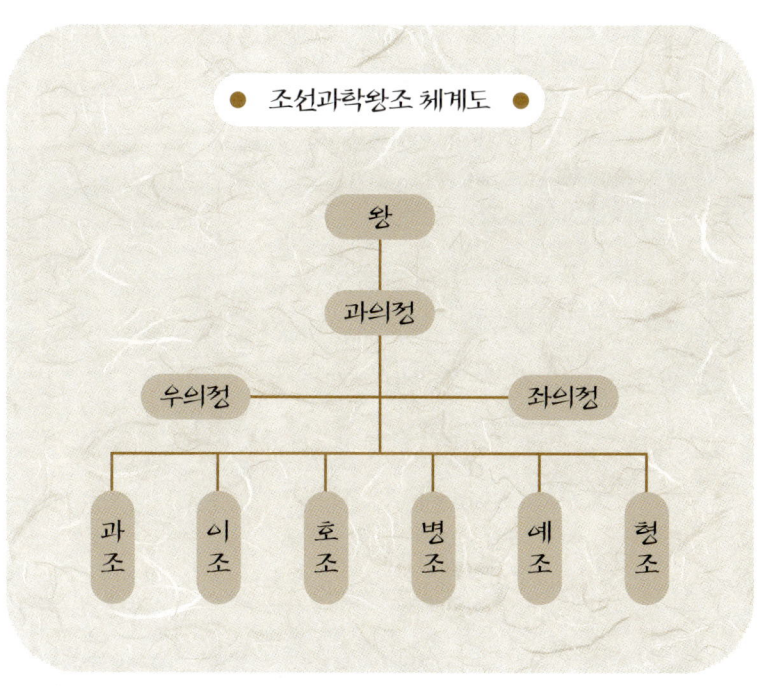

차례

제 8 권 빛의반사실록

인조반정 *빛의 반사 법칙* 12

하멜 표류기 *구면 거울의 원리* 20

제 9 권 빛의굴절실록

미스조선과학 선발대회 *빛의 굴절 원리* 36

장옥정의 데뷔 무대 *오목 렌즈의 비밀* 47

장희빈과 인현왕후 *볼록 렌즈의 성질* 56

제 10 권 빛의색깔실록

청림과 적림 *가시광선* 68

사도세자의 레이저 시술 *레이저* 77

무도회장 프러포즈 *형광과 자외선* 87

제11권 탄성마찰실록

애견 대회 <small>정전기</small> 102

홍경래의 난 <small>전기</small> 114

움직이는 개구리 요리 <small>전지</small> 125

제12권 전자기실록

마그넷교의 박해 <small>자석</small> 138

대원군의 자동 부채 <small>전자기 유도</small> 149

플레이보이호 사건 <small>전자석</small> 156

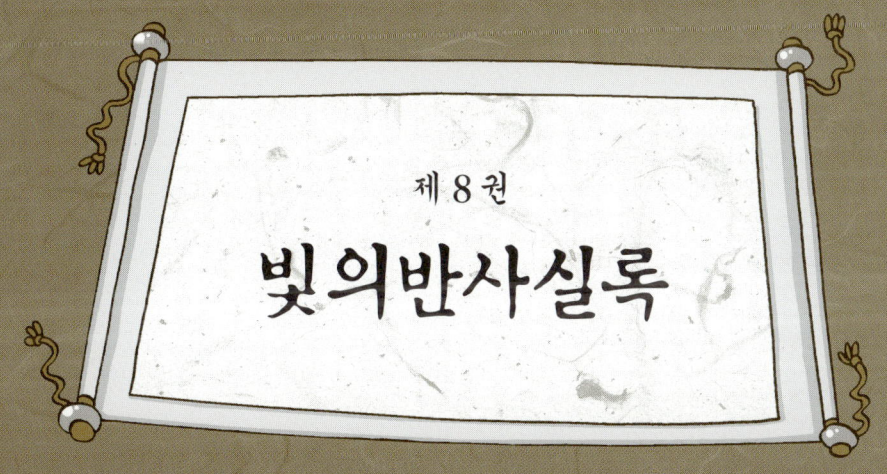

제 8 권
빛의반사실록

인조반정
빛의 반사 법칙

하멜 표류기
구면 거울의 원리

인조반정
빛의 반사 법칙

광해군이 통치하던 시절 이귀를 중심으로 광해군을 폐하고 능양군을 보위에 올리려는 반정의 조짐이 조심스럽게 나타나고 있었다. 이귀는 혁명군의 총지휘를 김류 장군에게 시켰다. 혁명 하루 전 두 사람은 조그만 주막에서 만났다.

"김류 장군, 도성으로 들어갈 계획은 있는 거요?"

이귀가 주위를 두리번거리며 조심스럽게 물었다.

"문제없습니다. 이번 작전은 미러 작전입니다."

김류가 자신만만한 표정으로 말했다.

"그게 무슨 소리요?"

이귀가 잘 이해되지 않는다는 듯이 물었다.

"내일 도성 북쪽의 창의문으로 와 보시면 알게 됩니다. 우리는 피 한 방울 흘리지 않고 창의문을 열 것입니다."

내일 작전에 대한 자신감이 김류의 말에서 느껴졌다.

드디어 반정 D-day! 김류 장군이 뚫고 들어가기로 예정된 창의문에는 광해군의 정예군이 철통같이 지키고 있었다. 김류 장군은 부하들을 이끌고 창의문으로 향했다. 창의문 앞에 도착한 김류 장군은 도성을 지키고 있는 소심해 장군에게 소리쳤다.

"당장 문을 여시오. 우리는 형제를 죽이고 어머니를 가둔 패륜아 광해군을 몰아내기 위해 왔소! 어서 문을 열고 우리와 함께 애국합시다."

김류 장군의 말이 끝나자 어디선가 소리패가 북과 꽹과리를 치면서 응원가 구호를 외쳤다.

"조선 과학 짝짝짝 짝짝! 조선 과학 짝짝짝 짝짝!"

그러고는 곧바로 훤칠한 꽃미남 로커 윤두현이 세종 때 박연이 발명한 기타를 어깨에 메고 풍물패의 반주에 맞춰 노래를 불렀다.

"오 필승 능양군! 오 필승 능양군! 오 필승 능양군! 오오오오예."

김류 장군 무리의 이상한 행동에 창의문을 지키던 병사들이 모두 성루에 몰려나왔다. 그들도 얼떨결에 박수를 치고 노래를 따라 불렀다.

잠시 후 노래가 멈추자 소심해 장군이 소리쳤다.

"네 이놈! 김류! 지금 너희들이 반역을 하고 있다는 걸 모르느냐?"

"반역은 네 놈이 하고 있다. 진정한 왕은 광해군이 아니라 능양군이야! 그리고 우리가 이기면 너희가 역적이 되고 우리가 지면 너희가 역적이 되는 것이 반정의 기본이다. 이놈아!"

김류가 쩌렁쩌렁한 목소리로 소심해 장군에게 외쳤다.

"김류야! 난 소심한 A형이라 겁이 많거든. 그러니까 그냥 돌아가라! 전하께는 아무 일도 없었던 것으로 보고하겠다."

벌써 소심해 장군의 부하들은 김류 장군을 향해 활을 겨누고 있었다.

그때 김류 장군이 검은 천으로 덮힌 판을 하나씩 들고 있는 부하들에게 소리쳤다.

"천을 벗겨라!"

부하들이 검은 천을 벗기자 커다란 거울들이 여기저기에 나타났다. 그들은 빛의 반사 법칙을 이용해 각도를 교묘하게 맞추어 거울에 반사된 빛이 소심해 장군과 부하들을 향하도록 했다.

"아무것도 안 보입니다, 장군!"

소심해 장군의 부하들은 눈이 부셔서 제대로 뜰 수가 없었다.

"이때다! 창의문을 넘어라!"

김류 장군의 명령에 따라 병사들은 일제히 사다리를 성벽에 걸치고 성루로 올라가 눈이 부셔서 우왕좌왕하는 소심해 장군과 그의 부하들을 일망타진했다. 빛의 반사가 승리한 것이다. 김류 장

군의 호언장담 대로 피 한 방울 안 흘리고 창의문을 여는 데 성공했다. 김류 장군은 그 길로 진군하여 다른 곳을 통해 도성으로 들어온 이괄 장군과 합류하여 도성을 점령했다.

이렇게 하여 광해군을 폐위하고 능양군을 왕위에 올리니 이것이 바로 인조반정*이다.

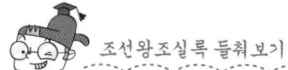
조선왕조실록 들춰보기

- 인조반정: 1623년(인조 1년)에, 김류 등 서인 일파가 실정과 패륜을 일삼는 광해군을 몰아내고 능양군을 왕으로 즉위시킨 사건이다.

조선과학왕조 실록회의

조선과학왕조실록을 집필하는 사이언관에서는 이 사건에 대한 올바른 역사를 기록하기 위해 조선과학왕조 실록회의가 열렸다. 회의는 대과학 대감의 주재로 사건 관련 인물들이 참석해 진행되었다.

대과학 • 오늘은 인조반정 최고의 전투인 창의문 전투에 대한 실록회의를 하겠소. 김류 장군! 정말 피 한 방울 안 흘리고 창의문을 넘었소?

김류 • 물론입니다. 피는 흘린 적 없고 태양에서 오는 풍부한 빛만 사용했습니다.

대과학 • 빛만 사용했다는 것이오? 그럼 완전히 공짜잖소?

김류 • 제작비 0원입니다.

대과학 • 어떻게 빛을 이용했소?

김류 • 빛의 성질을 이용한 겁니다. 그것도 빛의 반사에 대한 성질 말입니다.

대과학 • 반사라면 왔다가 되돌아가는 거 말이오?

김류 • 그렇습니다. 빛이 거울에 왔다가 거울 속으로 들어가지 못하고 튕기는 것을 반사라고 하는데 빛의 반사에는 중요한 규칙이 있습니다.

대과학 • 그건 무엇이오?

김류 • 거울에 부딪힐 때 각도와 튕겨 나올 때 각도가 같다는 것입니다.

대과학 • 잘 이해가 안 되오.

김류 장군은 부하를 시켜 당구대를 가지고 오게 했다. 잠시 후 건장한 부하 네 명이 당구대를 들고 들어왔다. 그는 벽을 향해 큐로 당구공을 쳤다.

김류 • 당구공이 벽으로 들어갈 때의 각도와 벽에 부딪쳐 튀어 나오는 각도가 완전히 똑같지요? 빛도 마찬가지입니다. 빛은 눈에 보이지 않지만 당구공처럼 아주 작은 알갱이들로 이루어져 있습니다. 이들이 거울 면에 부딪치면 당구공이 벽에 부딪쳐 튕겨 나가듯 들어온 빛의 각도와 튕겨 나간 빛의 각도가 같게 반사되는데 이것을 빛의 반사 법칙이라고 부릅니다.

대과학 • ……. (신기하군!)

김류 • ……. (내 강의에 반했을 거야.)

대과학 • 계속하시오.

김류 • 우리는 거울에 들어오는 빛의 방향을 잘 조정하여 거울에 의해 반사된 빛이 적의 눈을 향하도록 한 것입니다. 갑자기 빛이 눈에 들어오자 적군은 눈이 부셔서 어쩔 줄 몰라 했고 그 틈에 우리는 창의문을 넘어간 것입니다.

대과학 • 정말 놀라운 전술이오. 그렇다면 실록에는 다음과 같이 적겠소.

광해군을 폐하고 능양군을 왕위에 올린 인조반정은 김류 장군의 빛의 반사에 대한 해박한 지식이 이용되었다. 그의 창의문 전투는 과학을 이용하여 같은 민족끼리 피를 흘리지 않고 승리했다는 점에서 조선과학왕조 역사에 무혈과학반정으로 길이 남을 것이다.

하멜 표류기
구면 거울의 원리

 삼다도라 제주도에는 바람과 여자, 돌이 많아 조선과학왕조에서 유명한 곳이었다. 특히 섬이라 풍부한 해산물이 자랑거리인데 제주도에서는 여자들이 대부분 바다에 나가 일을 했다.
 어느 날 잔잔한 바다에서 열심히 일을 하던 제주 해녀들이 바다 위를 둥둥 떠다니는 판자 하나를 발견했다.
 해녀들은 판자의 정체가 궁금해 일제히 물 위로 올라왔다. 물 위에는 노랑 머리에 눈동자가 파란 이방인이 매달려 있었다. 그는 네덜란드 사람 하멜로 풍랑을 만나 뗏목을 타고 표류하던 중 우연히 제주도를 발견해 상륙하려던 중이었다. 열심히 노를 저어 육지에 상륙하려던 찰나에 해녀 하나가 물 위로 빠끔히 고개를 내밀었다.

느닷없는 해녀의 등장에 당황한 하멜은 노를 반대쪽으로 저으며 해녀를 피하려 했다. 그러나 하나 둘 해녀들이 물 위로 고개를 불쑥불쑥 내미는 바람에 하멜은 당황하지 않을 수 없었다.

"웁스~ 검은 문어 유령들이다! 4차원 이동을 하네~ 도대체 몇 마리야? 컥."

하멜은 모두 똑같이 검은 잠수복을 입은 해녀들을 보고는 깜짝 놀라 소리치다 정신을 잃고 물속에 빠져 버렸다.

"오메메! 웬일이야? 저 파란 눈의 외계인이 우리를 보고 놀라 기절한 건가? 우리가 더 놀랬구먼! 이런 어처구니없는 일이 있는가!"

나해삼 해녀가 한심하다는 듯 말했다.

"저것도 일단 사람인 것 같으니 살려 보고 자초지정을 들어보자구. 넋 놓고 있지 말고. 어릴 적에 음식을 잘못 먹어서 저리된 건지도 모르잖아!"

또 다른 해녀 조갯살이 물 위에서 첨벙거리며 소리쳤다. 해녀들은 정신을 잃고 물에 빠진 하멜을 일단 물 위로 올리는 데 성공했으나 그 다음이 걱정이었다. 하멜이 숨을 쉬지 않는 것이었다.

"누가 인공호흡 좀 해봐! 노랑 머리가 숨을 안 쉬잖아!"

나해삼이 이리저리 눈치 보며 슬그머니 말을 꺼냈다.

"안 돼! 난 임자 있는 몸이라고! 아이고~ 생각만 해도 망신스럽구먼! 내 남자 친구는 내 몸에서 낯선 남자의 향이 나면 금방 알아

차린단 말이야."

고개를 절레절레 흔들며 조갯살 해녀가 뒤로 물러났다. 다른 해녀들도 서로의 눈치를 보다가 남자 친구 없는 나진주 해녀의 얼굴로 모두 눈이 모아졌다.

"안 돼! 난 아직 뽀뽀도 못 해봤단 말이야!"

나진주 해녀는 다른 해녀들의 등쌀에 떠밀려 하멜에게 인공호흡을 했다. 그러자 '풋' 하고 물을 토해내며 하멜이 슬며시 눈을 떴다.

하멜은 네덜란드 어로 나진주 양에게 연신 고맙다며 얘기했지만 해녀들은 도통 알아들을 수 없었다.

"어엉엉! 나 이제 어떡해? 이 파란 눈한테 시집가야 되는 거야? 엉엉엉."

나진주는 울어버렸다. 당황한 하멜은 어찌할 바를 몰라 발을 동동거렸다. 하멜이 일어난 것을 확인하고는 나해삼 해녀가 제주 과학 담당관에게 달려가 이 사실을 재빨리 보고했다. 제주 과학 담당관은 효종에게 이 사실을 알렸고 하멜은 왕의 부름을 받아 한양으로 올라가게 되었다. 그리고 효종은 하멜을 위해 성대한 만찬을 준비했다.

"환영하오, 하멜! 그대는 참으로 희한하게 생겼소. 어떻게 눈동자가 하늘처럼 파랗게 생겼단 말이오. 허허! 볼수록 신기하오."

효종은 하멜의 생김새를 이리저리 살펴보았다.

"오, 전하! 대단히 감사합니다. 제가 네덜란드로 가면《하멜 표류기》란 책을 쓸 것인데 조선과학왕조를 친절한 사람들이 사는 나라로 표현하겠어요."

하멜은 조선과학왕조의 여러 음식들과 술을 맛보며 감사해 했다. 만찬장의 분위기가 점점 무르익고 효종과 하멜은 얼큰하게 취했다.

"하멜! 그대 콧잔등 위에 얹혀 있는 잠자리처럼 생긴 그것은 도대체 무엇이오?"

효종이 고개를 갸우뚱하며 하멜의 콧잔등 위를 살폈다.

"이것은 안경이란 거예요! 한번 써 보시겠어요? 전하께서 미남이시라 잘 어울릴 것 같아요."

하멜이 안경을 벗으며 효종에게 건넸다.

"아니 됐소! 하지만 그대가 이렇게 간곡히 청하니 딱 한 번만 써 보겠소, 하하하."

효종은 못 이기는 척 안경을 건네받았다. 효종의 호기심은 여기서 끝이 아니었다. 뜬금없이 자리를 털고 일어나더니 패션쇼를 하듯 워킹하기 시작했다. 만찬장의 분위기는 더욱 흥겨워 졌고 하멜도 박수 치며 좋아했다. 그런데 하멜의 시력과 효종의 시력이 달라 안경을 낀 효종이 비틀비틀하더니 그만 앞으로 꽈당하고 넘어졌다. 이 일로 효종은 콧잔등에 피가 나는 큰(?) 부상을 입고 급히 침소로 옮겨져 어의의 치료를 받게 되었다.

"네 이놈! 이분이 뉘시라고 그런 망측한 것을 쓰게 했느냐!"

효종이 자리를 비운 사이 과의정이 하멜에게 호통을 쳤다.

"분명 이놈은 오랑캐들이 보낸 첩자일 것이야. 당장 하옥하라!"

과의정은 하멜을 옥에 가두라고 명령했다. 효종이 치료를 마치고 돌아왔을 때는 이미 하멜이 옥에 갇힌 뒤였다. 하멜은 어이없게도 안경을 빌려준 것 때문에 억울한 옥살이를 하게 되었다. 효종도 하멜의 옥살이를 안타까워했지만 많은 대신들의 반발 때문에 풀어주지 못했다. 그런데 며칠 후 왕 앞으로 급한 전갈이 도착했다.

"큰일 났사옵니다, 전하! 지금 북쪽 오랑캐들이 쳐들어오고 있다 하옵니다."

조선과학왕조의 전방을 맡고 있던 날쌘 장군이 급히 보고했다.

"뭐라? 어서 전투 준비를 하거라! 오랑캐들이 국경을 넘게 해서는 안 된다. 어서!"

조선의 많은 군사들은 효종의 명령으로 발빠르게 움직여 국경 근처로 모였다. 저 멀리 국경 너머에 북쪽 오랑캐들의 진지인 '잘안타요성'이 보였다.

"이히히! 니하오마! 조선 애송이들아, 음하하하."

잘안타요성을 지키고 있는 북쪽 오랑캐 띠부치 장군이 분주히 공격 준비를 하는 조선 군사들을 보며 간사하게 웃었다. 띠부치 장군은 몸이 바짝 말라 매우 날카로운 인상이었다.

"뭐 애송이? 넌 그럼 황비홍이냐? 앞머리 좀 내려야겠다. 눈이 부셔 쳐다볼 수가 없구나! 크크크."

조선과학왕조 날쌘 장군도 지지 않고 띠부치 장군을 비아냥거렸다. 두 장수들의 치열한 신경전이 끝난 후 조선과학왕조의 군대가 선제공격에 나섰다.

"자, 모두들 들어라! 잘안타요성은 나무로 지어졌다. 모두 화살 끝에 불을 붙여라! 성을 함락시키자!"

날쌘 장군이 큰소리로 부하들에게 명령했다. 잠시 후 수십 개의 불화살이 잘안타요성을 향해 날아갔다. 하지만 불은 생각처럼 번지지 않았다.

"헉! 나무로 만든 성인데 왜 잘 안 타는 거지? 더 많은 불화살을 만들어 쏴라! 쏴라!"

날쌘 장군은 더 큰소리로 명령하며 재촉했다.

"이히히! 멍청한 것들, 우리가 호락호락하게 당할 것 같으냐?

우리에겐 소화기가 있다! 우하하."

그랬다. 띠부치 장군에게는 소화기가 있어 날아오는 불화살들을 모두 공중에서 끄고 있었다. 그 사실을 알게 된 날쌘 장군은 불화살 공격이 소용없음을 알게 되었다.

"후퇴! 후퇴하라! 지금은 비록 순순히 물러나지만 곧 다시 찾아와 혼내주겠다."

날쌘 장군은 이를 뿌득뿌득 갈며 병사들을 철수시켰다.

다시 궁으로 돌아온 날쌘 장군은 이를 효종에게 알렸고, 효종은 많은 대신들을 모아 작전 회의를 열었다. 효종과 대신들은 머리를 맞대고 온종일 회의를 했지만 특별한 묘안이 떠오르지 않았다. 아무 성과 없이 작전 회의를 끝내고 효종은 무거운 마음으로 하멜을 찾았다. 넋두리라도 할 겸 하멜을 찾은 효종은 하소연하듯 털어놓았다.

"왜 나무로 만든 성이 불에 안 타는 걸까? 소화기가 도대체 뭐 하는 물건인지 그대는 아시오?"

"오! 전하! 소화기 속에는 이산화탄소라는 기체가 들어 있어요. 이 기체는 공기보다 무거워서 불화살 주위를 에워싸 산소의 공급을 막지요. 산소를 만나지 못하면 불은 꺼지잖아요? 그러니까 적이 소화기로 막을 때는 불 공격이 아무 소용없어요."

"그럼 잘안타요성은 난공불락이란 말이오?"

효종이 한숨지으며 물었다.

"오! 전하! 힘들어 말아요. 내게 좋은 생각이 있어요."

"정말이오? 정말 그대에게 묘안이 있소? 어서어서 말해 보시오."

효종은 믿기지 않는 듯 보채며 물었다.

하멜*은 효종에게 귓속말로 무언가를 속삭였다.

"아니 정말 그런 방법이 있단 말이오?"

 조선왕조실록 들춰보기

● 하멜: 네덜란드의 선원이다. 동인도 회사 소속 상선을 타고 일본 나가사키로 가다가 폭풍으로 파선하여 효종 4년에 일행과 함께 조선에 들어와 14년 동안 억류생활을 하고 귀국했다. 자신의 경험을 담은 《하멜 표류기》를 저술하여 조선의 지리, 풍속, 정치를 유럽에 처음으로 소개했다.

효종은 놀라 입을 다물지 못했다. 그리고 효종은 대신들의 반대에도 불구하고 하멜을 석방하여 그에게 잘안타요성의 공격을 맡겼다. 하멜은 그날 이후 도성 안 조선과학왕조 최고의 거울 디자이너들을 모아 안이 움푹 들어간 초대형 접시 모양의 오목 거울을 만들었다. 하멜은 그 거울을 수레에 싣고 잘안타요성으로 향했다.

며칠 뒤 잘안타요성에 도착한 하멜은 검은 물감으로 칠한 오목 거울을 성문으로 향하게 하고 가장 태양 빛이 강할 때 거울로 빛을 모아 잘안타요성을 공격했다.

수많은 불화살에도 끄떡없던 잘안타요성은 오목 거울로 모은 초강력 빛에 불이 붙기 시작했고, 불은 금방 잘안타요성으로 번져 나갔다. 결국 띠부치 장군은 부하들과 함께 불탄 성을 버리고 도망쳤으며, 이 전쟁은 조선과학왕조의 승리로 끝이 났다.

조선과학왕조 실록회의

조선과학왕조실록을 집필하는 사이언관에서는 이 사건에 대한 올바른 역사를 기록하기 위해 조선과학왕조 실록회의가 열렸다. 회의는 대과학 대감의 주재로 사건 관련 인물들이 참석해 진행되었다.

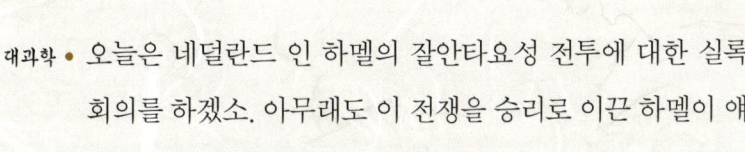

대과학 • 오늘은 네덜란드 인 하멜의 잘안타요성 전투에 대한 실록회의를 하겠소. 아무래도 이 전쟁을 승리로 이끈 하멜이 얘기를 하는 게 좋겠소.

하멜 • 무슨 얘기를 할까요?

대과학 • 거울하면 우리는 평평한 것이라고 생각하는데 어떻게 당신은 안으로 움푹 들어간 거울을 만든 것이오?

하멜 • 이런 거울을 오목 거울이라고 부르는데 이 거울은 빛을 한곳에 모으는 데 아주 짱이지요.

대과학 • 빛을 한곳에 모으면 뭐가 달라지오?

하멜 • 뭉치면 살고 흩어지면 죽지 않습니까?

대과학 • ……. (가만, 어디서 많이 들어본 얘긴데)

하멜 • 마찬가지로 빛도 한곳에 많이 모이면 강해지는 법이에요.

하멜 표류기 **29**

대과학 • 빛이 강해지면 무슨 이득이 있소?

하멜 • 에너지가 커져서 울트라 캡숑 파워가 되어 뭐든지 태울 수 있는 강한 빛이 돼요.

대과학 • 아하! 그걸 이용하여 당신은 나무로 된 잘안타요성을 태운 거군.

하멜 • 그래요.

대과학 • 그런데 왜 오목 거울이 빛을 한 점에 모으는 것이오?

하멜 • 들어간 빛은 모두 한 점으로 모여요. 이것이 오목 거울의 비밀이지요. 이 한 점을 초점이라고 불러요. 그러니까 오목 거울로 들어간 태양 빛이 모두 초점에 모이게 돼요. 초점에 어떤 물체가 있으면 물체는 순간적으로 많은 양의 빛을 받아 물체가 타게 되는 것이지요. 저는 이 원리를 이용하여 오목 거울의 초점에 잘안타요성을 놓아 태울 수 있었던 것이에요.

대과학 • 참 재미있는 거울이오. 그런데 그 거울은 어떻게 만드는 것이오?

하멜 • 대감은 매일 오목 거울을 사용하고 있어요.

대과학 • 엥? 그게 무슨 소리오?

하멜 • 밥 안 드세요?

대과학 • 안 먹긴, 오늘도 김칫국에 밥 두 그릇 말아 먹었는데…….

하멜 • 밥은 무엇으로 먹어요?

대과학 • 당연히 숟가락이오.

하멜 • 숟가락이 바로 오목 거울이에요. 숟가락의 움푹한 부분은 오목 거울이고 그 반대편은 볼록 거울이 되지요. 이렇게 거울 면이 동그랗게 휘어지면 물체의 상이 평면 거울과 다르게 나타나요.

대과학 • 어떻게 다르오?

하멜 • 평면 거울을 통한 상은 원래의 물체와 똑같은 크기로 보이지요. 다만 좌우가 바뀌어 보이긴 하지만요.

대과학 • 맞소.

하멜 • 이런 것이 볼록 거울과 오목 거울에서 달라요.

하멜은 대과학 대감에게 숟가락을 가져갔다. 그리고 숟가락의 움푹한 부분에 얼굴을 비추었다.

하멜 • 얼굴이 어떻게 보여요?

대과학 • 헉! 내 얼굴이 이렇게 큰가? 갑자기 얼큰이가 됐소.

하멜 • 대감! 이번에는 볼록한 부분에 얼굴을 비춰 보세요.

대과학 • 우와, 신기하군! 얼굴이 작아졌소. CD 한 장으로도 가릴 수 있겠는걸! 근데 뭐 이래? 얼굴이 뒤집어졌잖소?

하멜 • 바로 그것이 오목 거울과 볼록 거울의 특징이에요. 잘 기억해 두세요.

대과학 • 오늘 새로운 거울에 대해 좋은 공부 많이 했소. 그럼 실록에는 다음과 같이 적겠소.

　　　　조선과학왕조 효종 때 북쪽 오랑캐 띠부치 장군이 지키는 잘안타요성은 나무로 만든 성임에도 불구하고 소화기라는 특별한 방어 무기 덕분에 조선군의 불화살 공격을 막아냈다. 이때 네덜란드 인 하멜이 오목 거울로 잘안타요성을 불태워 북쪽 오랑캐를 몰아냈으며 하멜은 네덜란드로 돌아가 이 모든 내용을 담은 《하멜 표류기》라는 책을 썼다.

빛의 반사 법칙

당구공이 벽에 부딪치면 당구공이 벽으로 들어간 각도와 벽에 부딪친 후 튀어나온 각도가 같지요? 마찬가지로 빛도 어떤 거울에서 반사될 때 거울에 들어간 각도와 같은 각도로 반사되는데 이것을 빛의 반사 법칙이라고 불러요.

이때 거울로 들어가는 빛이 거울 면에 수직인 방향과 이루는 각을 입사각, 반사된 빛이 거울 면에 수직인 방향과 이루는 각을 반사각이라고 불러요. 빛의 반사의 법칙을 정리하면 다음과 같죠.

● **빛이 반사될 때 입사각과 반사각은 같다.**

왜 빛은 이런 반사 법칙을 만족할까요? 그것은 빛이 어떤 지점을 지나갈 때 가장 시간이 적게 걸리는 길로 가기 때문이에요. 즉, 거울 면에 반사되어 튀어 나가는 빛은 입사각과 반사각이 같을 때 이동하는 시간이 제일 짧아요.

난반사

거울과 같이 매끄러운 평면에 입사한 빛은 정반대 방향으로만 고르게 반사하는데 이것을 정반사라고 불러요. 하지만 대개의 경우 아무리 매끄러워 보이는 평면이라도 자세히 들여다보면 결코 완전한 평면이 아니며, 여러 방향의 오톨도톨한 작은 면으로 이루어져 있기 때문에 한 방향에서 들어간 빛이 작은 면에서 여러 방향으로 반사되어 흩어져요. 이것을 난반사라고 해요. 어떤 물체를 어느 방향에서나 볼 수 있는 것은 바로 난반사 현상 때문이지요.

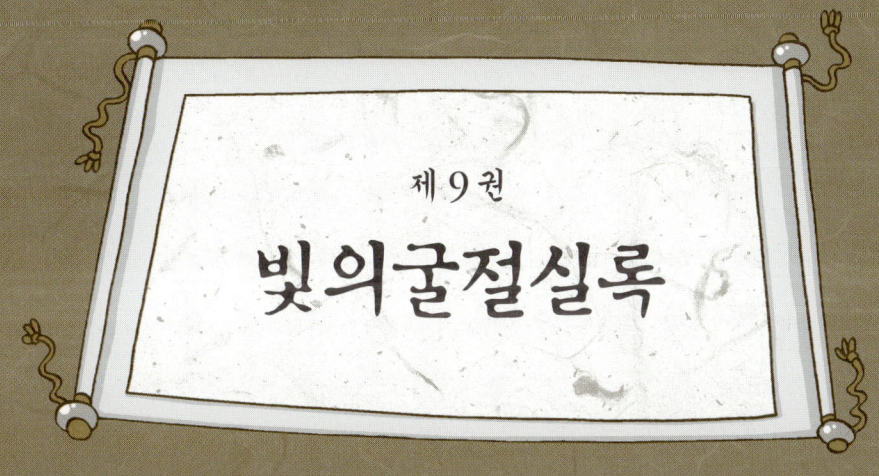

제 9 권
빛의굴절실록

미스조선과학 선발대회
빛의 굴절 원리

장희빈의 데뷔 무대
오목렌즈의 비밀

장희빈과 인현황후
볼록렌즈의 성질

미스조선과학 선발대회
빛의 굴절 원리

　　조선과학왕조에 처음으로 유학파가 생겼다. 그의 이름은 정두원이었다. 그는 유럽에 과학 사신으로 다녀왔는데 인조는 정두원*을 조선과학왕조의 과조 판서로 임명하며 그를 아끼고 항상 곁에 두었다. 유럽에서 광학기기에 대해 공부를 한 정두원은 조선에 망원경을 들여와 그것에 대해 연구하고 있었다. 그러던 어느날 정두원

 조선왕조실록 들춰보기

● 정두원 : 조선 인조 때 문신이다. 중국 명나라에 사신으로 가서 천리경, 자명종 등의 기기와 마테오리치의 《천문서》, 《직방외기》 등 서적과 화약의 제조법을 들여왔다.

은 자신의 첫 연구작인 망원경을 제일 먼저 인조에게 가지고 갔다.

"이 나팔은 왜 내게 가지고 왔느냐?"

인조는 신기하다는 듯 망원경을 이리저리 살폈다.

"전하, 이것은 나팔이 아니라 망원경이라 하옵니다. 망원경은 멀리 있는 사물을 아주 가까이에서 보는 듯한 느낌을 주는 아주 신기한 물건이옵니다."

정두원은 망원경의 렌즈를 닦아 인조에게 다시 건넸다.

"아니, 그 말이 사실이냐? 그럼 시험을 해봐야겠구나!"

인조는 회심의 미소를 띠우며 렌즈에 눈을 대고 파파라치처럼 상궁들의 처소를 둘러보기 시작했다.

"아니! 저, 상궁 처소에 웬 낯선 여자가 앉아 있느냐?"

인조는 가장 아끼는 상궁 아리의 처소를 보다 깜짝 놀라 소리쳤다. 아리는 항상 조신한 척하며 아름다운 외모를 무기로 인조의 사랑을 듬뿍 받고 있었다.

"전하! 아마도 아리가 화장을 안 하고 있어 전하가 못 알아보시는 듯하옵니다. 필시 저 여자는 아리일 것이옵니다."

정두원은 인조에게 건네받은 망원경으로 아리임을 확인했다.

"허허! 네 말이 사실이라면 아리는 평소에 화장을 하는 것이 아니라 변장을 하고 다니는구나. 나는 눈썹이 하나도 없어 모나리자가 앉아 있는 줄 알았느니라. 그리고 세수도 안 했는지 눈가에 눈곱이 붙어 있구나. 쯧쯧."

"전하! 고정하시옵소서."

"헉! 저것 보아라! 아무도 보지 않는다고 새끼 손가락으로 코를 파는 여자였다니! 이제부터 저 지저분한 아리의 처소에 발길을 끊을 것이니라. 그리고 아리에게 이르거라. 웬만하면 내 주위에 나타나지 말라고. 코 파는 모습이 자꾸 생각날 듯싶구나. 어험."

단단히 실망한 인조가 헛구역질까지 하며 고개를 절레절레 내저었다.

그 사건이 있은 후 인조는 아리의 처소에 발길을 끊으면서 다른 상궁들에게 관심을 가지기 시작했다.

인조는 아름다움을 항상 갈망하는 사람이어서 아름다운 상궁을 뽑기 위해 조선과학왕조에 미스조선과학 선발대회를 열었다. 심사위원으로는 예술적 감각이 뛰어난 예조 판서 어예술 대감과 과학에 도통한 과조 판서 정두원 대감이 맡았고 사회는 조선 최고의 입담을 자랑하는 내시 나홍철이 맡았다.

나홍철은 인조와 심사위원들을 첫 테스트인 수영복 심사장으로 안내했다. 넓은 뜰 한가운데에 대야를 놓고 각 지방에서 올라온 후보들이 앉아 있었다.

"물속에 앉아 있으니 그 아름다움을 가늠할 수 없구나. 모두들 한 번 일어나 보라 하여라!"

인조는 후보들을 살피며 나홍철에게 명령했다.

"저…… 전하, 조선과학왕조는 동방예의지국인지라 젊은 처자들의 피부가 드러나는 심사는 아니 되옵니다."

사회자 나홍철이 난처한 표정을 지으며 인조의 눈치를 살폈다.

 "허허, 그래. 그런데 저 처자들은 하나같이 숏다리인 게냐? 혹 무수리 콘테스트로 잘못 알고 온 것이 아니더냐?"

 인조는 대야에 앉은 미스조선과학 후보들을 실망스런 눈으로 바라보았다.

 "전하! 물속에 있으면 누구나 숏다리가 되니 걱정하지 마시옵소서."

 과조 판서 정두원이 일러주자 안심한 인조는 계속해서 심사를 진행했다. 수영복 심사에서 미스조선과학의 후보는 두 명으로 줄었고 마지막으로 당의 심사만을 남겨 두고 있었다. 이 심사를 위해 특설무대가 준비되었고 인조와 심사위원들은 심사장으로 갔다.

무대 위에는 과학과 미모를 겸비하고 당의를 다소곳이 차려입은 과삼자와 화려하고 딱 붙는 긴 당의˙를 입은 너현영이 무대 위에 서 있었다. 이윽고 사회자의 인터뷰가 시작되었다.

"네, 오늘 미스조선과학 선발대회에서 치열한 경쟁자들을 다 물리치고 두 분만 결승에 오르게 되었습니다. 너현영 양, 지금 심정이 어떻습니까?"

나홍철이 마이크에 입을 대고 정신없이 말을 해댔다.

"무척 많이 떨리고요, 제가 이 자리에 설 수 있게 도와주신 찌지고 뽁고 미용실 파마자 원장님께 감사 드려요. 정말 아름다운 밤이에요. 호호호호."

너현영은 콧소리가 가득한 목소리로 소감을 말했다.

나홍철은 반대편에 서 있는 과삼자에게 마이크를 넘겼다.

"과삼자는 지금 심정이 어떠십니까?"

"저는 조선과학왕조의 무궁한 발전을 위해 과학 연구에 힘이 되고자 이 자리에 서게 되었습니다. 이 자리에 선 것만으로도 제겐 큰 영광이고요, 앞으로 조선과학왕조를 위해 좋은 일을 할 수 있었으면 좋겠습니다."

과삼자는 자기 의사를 또박또박 차분하게 말했다.

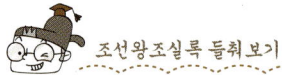 조선왕조실록 들춰보기

● 당의(唐衣) : 여자들이 저고리 위에 덧입는 한복의 하나이다. 앞길과 뒷길이 저고리보다 길어 입었을 때 무릎 근처까지 닿으며 도련은 둥근 곡선으로 되어 있다. 조선시대에 예복으로 사용했다.

"네, 잘 들었습니다. 다음으로는 두 후보들이 가장 자신 있어 하는 장기를 한 가지씩 보도록 하겠습니다. 과삼자 양은 어떤 장기가 있습니까?"

"저는 과학 동요 하나를 준비했습니다."

과삼자는 과학을 주제로 자신이 만든 노래를 경쾌하게 불렀다.

♪ 비가 개면 나타나는 일곱 색깔 무지개
　태양에서 달려오는 일곱 색깔 빛 알갱이
　붉은 장미 들어가 붉은빛만 반사되어
　사랑하는 그분의 눈 속으로 들어가
　정열적인 붉은 장미 사랑 노래 되었네!
　비가 개면 나타나는 일곱 색깔 무지개
　태양에서 달려오는 일곱 색깔 빛 알갱이 ♪

"대단한 가창력이군요. 여성 로커로서도 손색이 없네요. 다음 너현영 양은 어떤 장기가 있습니까?"

"저는 캉캉춤을 보여 드리겠습니다."

너현영은 과삼자를 쏘아보며 자신만만한 표정으로 무대 앞에 나섰다.

신나는 음악이 흘러나오고 너현영은 사정없이 다리를 들어 올리며 캉캉춤을 추었다. 그런데 너무 심하게 캉캉춤을 추다가 신고 있던 신발이 그만 심사위원석에 앉아 있던 인조의 이마에 맞고 말

았다.

"아이쿠, 내 이마! 이게 신발이냐 무기더냐! 아니? 이건 키높이 가죽신이지 않느냐? 이런!"

그랬다. 키가 자격 미달이었던 너현영은 키높이 가죽신에 깔창을 수북이 쌓아 키가 커 보이게 한 것인데 캉캉춤을 너무 요란하게 추는 바람에 신발이 인조의 이마로 날아가 그 사실이 들통나게 된 것이다. 이리하여 너현영은 자격 미달로 실격되었으며 초대 미스 조선과학은 과삼자가 차지했다.

따뜻한 어느 날 오후 인조는 과삼자와 정두원을 데리고 인천 앞바다로 바다낚시를 나가게 되었다. 인조는 자신의 사냥 실력을 자랑이라도 하듯 힘차게 활을 쏘았다. 그러나 화살은 모두 엉뚱한 방향으로 빗나가서 인조의 애간장을 태웠다.

"분명 잘 겨누었는데 왜 화살이 다 빗나가는 것이냐? 혹시 이 화살이 불량품인 것이냐? 아님 재고? 이월 상품? 어허, 왕을 속이다니! 발칙하구나. 어험!"

인조는 생각처럼 물고기 사냥이 안 되자 애꿎은 활 핑계를 댔다.

"전하! 제가 한 번 쏘아 보겠사옵니다. 꼭 저 물고기를 잡아 전하께 맛있고 싱싱한 회를 대접하겠습니다. 물론 매운탕도 함께 드리겠사옵니다."

답답해 하는 인조를 보다 못한 과삼자가 나섰다. 과삼자가 쏜 화살은 하나 같이 물고기에 명중됐다. 인조는 눈이 휘둥그레져서 화살에 맞아 물 위로 떠오르는 물고기를 열심히 건져 올렸다.

"아니, 과인은 쏘기만 하면 빗나가는데 어떻게 너는 쏘기만 하면 백발백중 맞아떨어지는 것이냐? 참으로 신통방통하구나!"

인조가 과삼자의 실력을 보고 놀라며 칭찬해 주었다.

"전하, 눈에 보이는 것이 항상 실제 물체인 것은 아니옵니다. 물 속에 있는 물체는 항상 원래 위치보다 위에 있는 것처럼 보이옵니다. 이것은 빛의 장난인데 과삼자 양은 그 사실을 알았던 것입니다."

정두원이 인조의 궁금증을 풀어 주었다. 그 후 인조는 과삼자의 총명함을 높이 사서 과학현전 최초의 여자 학사로 임명하여 정두원과 빛에 대해 공동 연구를 하도록 했다.

조선과학왕조 실록회의

조선과학왕조실록을 집필하는 사이언관에서는 이 사건에 대한 올바른 역사를 기록하기 위해 조선과학왕조 실록회의가 열렸다. 회의는 대과학 대감의 주재로 사건 관련 인물들이 참석해 진행되었다.

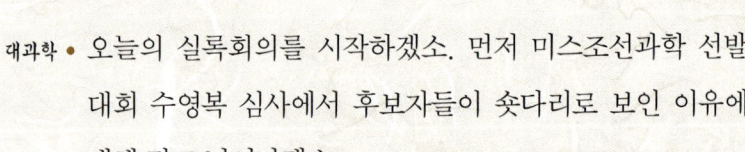

대과학 • 오늘의 실록회의를 시작하겠소. 먼저 미스조선과학 선발 대회 수영복 심사에서 후보자들이 숏다리로 보인 이유에 대해 짚고 넘어가겠소.

나흥철 • 당시 사회를 본 내시 나흥첨입니다. 사실 후보자들은 모두 롱다리 아니 롱롱다리였습니다.

대과학 • 그럼 모두 숏다리였다는 얘기는 사실무근인가?

나흥철 • 천하의 롱다리도 물에 들어가면 숏다리로 보입니다.

대과학 • 그건 왜 그런가?

나흥철 • 빛이 물속으로 들어가 꺾이기 때문입니다. 그래서 실제 다리보다 짧게 보이는데 이것을 빛의 굴절이라고 합니다.

대과학 • 알겠네. 이 문제는 그렇게 넘어가겠네. 다음은 전하와 과삼자 그리고 정두원 대감이 바다낚시를 갔던 부분에 대한 회의를 하겠소. 전하께서는 활쏘기가 특기인데 왜 단 한 마리의 물고기도 잡지 못한 것인가?

과삼자 • 역시 빛의 굴절 때문입니다.

대과학 • 그게 무슨 말인가?

과삼자 • 우리가 물체를 본다는 것은 물체에 반사된 빛을 보는 것입니다. 그런데 물고기처럼 물체가 물속에 있을 때는 빛이 물속으로 들어갈 때 굴절이 일어나기 때문에 물고기의 상이 원래의 위치보다 높은 곳에 만들어집니다. 그 상에서 나온 빛이 우리 눈으로 들어오면 우리는 마치 물고기가 그곳에 있는 것으로 여기게 되는 것입니다.

대과학 • 더 자세히 말해 보거라.

과삼자 • 빛이 물속으로 들어가면서 꺾여 들어가 물고기에 부딪쳐 사람의 눈으로 들어오면 우리는 마지막으로 빛이 들어온 방향에 물고기가 있다고 생각합니다. 그래서 가짜 물고기가 보이게 되는 것인데 이것을 허상이라고 부릅니다.

대과학 • 아하! 그래서 눈에 보이는 곳보다 좀더 깊은 곳을 겨냥해야 하는군! 그럼 위와 같이 실록에 적겠네.

조선과학왕조 인조 때 미스조선과학으로 뽑힌 과삼자는 빛의 굴절을 이용하여 인조의 바다낚시를 도왔다. 과삼자는 눈에 보이는 물고기의 위치보다 깊은 곳을 겨냥하여 백발백중의 낚시 솜씨를 뽐냈는데 이는 빛의 굴절로 만들어진 허상이 아닌 실제 물고기를 겨냥한 것이었다.

장옥정의 데뷔 무대
오목 렌즈의 비밀

　숙종 때 조선과학왕조에서는 과학 홍보대사들의 인기가 날로 높아지고 있었다. 과학 홍보대사가 되면 많은 상금과 함께 신분 상승은 물론이고 집안을 일으킬 수 있는 가장 빠른 지름길이기 때문이었다.
　당시 장옥정이라는 몰락한 양반 집안의 딸이 있었는데 그녀는 과학 홍보대사가 되어 왕의 사랑도 받고 더불어 몰락한 가문도 일으키려는 야심으로 가득했다. 그래서 그녀 또한 과학 홍보대사가 되고자 고심하고 있었다.
　'무슨 좋은 수가 없을까? 과학 홍보대사가 되어 궁으로 들어

가 궁 안에 살면서 전하를 자주 뵐수만 있다면 성공인데 내가 노래가 되나, 그렇다고 연기가 되나, 휴~.'

장옥정은 과학 홍보대사가 선발 공고가 나자 더욱 마음이 다급해지기 시작했다. 어떻게 하면 합격할 수 있을까 하고 고민을 했지만 쉽게 답이 나오지 않았다. 하지만 장옥정은 무슨 수를 써서라도 과학 홍보대사가 되어 궁으로 들어가고 싶었다. 선발 시험이 얼마 남지 않은 어느 날 장옥정은 우연히 친구 빅뚱뚱을 만나게 되었다. 빅뚱뚱은 노래 하나는 기막히게 잘 하나 얼굴과 몸매가 이기적인 친구였다. 그런 탓에 빅뚱뚱도 과학 홍보대사 시험에서 매번 탈락하였다. 야심으로 가득 찬 장옥정은 절친한 친구이자 동료를 이용하기로 결심했다.

"이렇게 너를 만나다니! 하늘이 내게 기회를 주시는구나! 친구야~ 나 좀 도와줘! 내가 너보다 노래는 못 불러도 외모를 매력적으로 보일 수 있게 하는 좋은 방법을 알고 있으니 우리 이렇게 하자!"

"그래, 내가 너보다는 몸매와 얼굴이 조금 착하게 생겼지! 그렇지만 내가 노래 하나는 끝내 주잖아? 근데 뭘 어쩌자고?"

빅뚱뚱은 떠먹는 아이스크림 헤비 두개더를 큰 숟가락으로 퍼먹으며 옥정의 말에 귀 기울였다. 장옥정의 말을 다 들은 빅뚱뚱은 흔쾌히 수락했고 두 사람은 그날부터 시험 준비에 돌입했다.

드디어 시험 당일 두 사람은 서둘러 과학 홍보대사 시험장으로 향했다.

"옥정아! 나 너무 긴장돼. 어떡해?"

"너까지 왜 그러냐? 나도 토할 것 같아."

슈서가 점점 다가오자 둘은 초조한 마음을 어찌할 줄 몰랐다.

"빅뚱뚱! 잘 들어! 우리 여기서 들키면 죽은 목숨이야! 그러니까 죽기 아님 까무러치기야. 잘해! 알았지?"

"응, 알았어."

드디어 장옥정의 차례가 다가왔다. 그러나 장옥정은 무대 막 뒤에서 꿈쩍도 하지 않았다.

"18번 장옥정! 아직 도착 안 한 거야? 감히, 전하께서 와 계시는데, 건방진 것 같으니라고!"

사회자가 다급한 목소리로 화를 내자 드디어 장옥정이 입을 열었다.

"아니옵니다. 나으리! 노여움 푸시옵소서. 제가 준비한 것이 있사오니 거부감 갖지 마시고 지켜보아 주시옵소서!"

막이 걷히자 장옥정은 몸매가 드러나는 옷을 입고 온통 유리로 뒤덮인 정육면체의 통 안에 들어가 있었다.

"저게 도대체 뭐하는 짓인고?"

숙종은 수염을 만지작거리며 장옥정의 행동을 주시했다.

그런데 이게 웬일인가? 유리통 안에 있는 장옥정의 얼굴은 CD 한 장으로 다 가리고도 남을 정도로 작아 보였고, 거기다 자신의 미모를 더욱 돋보이게 화장을 했으며 늘씬한 몸매는 누가 봐도 부러워 할 만했다. 역사상 조선과학왕조에선 찾아보기 힘든 출중한

외모를 가지고 있었다.

"오~오호! 저런 미모를 봤나~."

숙종과 심사위원들은 너나 할 것 없이 장옥정에게 빠져 들고 있었다. 노래를 부를 때는 아주 높은 음도 자유롭게 올렸다 내렸다 하며 훌륭한 가창력을 뽐냈고 상대방을 끌어들일 만큼 매력적인 춤 솜씨는 숙종을 감탄하게 했다. 장옥정은 힘든 기색이 역력함에도 불구하고 호흡하나 흐트러지지 않고 노래를 불렀다. 모든 것이 완벽했던 장옥정은 무사히 시험을 마쳤다.

"허허~ 끼가 철철 넘치는 걸! 분명 대박감이야!"

장옥정의 무대를 본 심사위원이 칭찬을 아끼지 않았다.

"어흠! 저 처자의 이름이 장옥정이라고 하였느냐? 음, 저 처자에게 과학 홍보대사 신인 대상을 내리고 항상 과인이 볼 수 있는 곳에서 지내게 하거라."

 장옥정에게 반한 숙종은 과학 홍보대사로 뽑힌 그녀에게 정1품 빈의 품계를 내리고 처소를 마련해 주었다. 이리하여 장옥정은 숙종의 후궁이 되었고 장희빈으로 불리며 숙종의 사랑을 한 몸에 받게 되었다.

 하지만 장희빈의 사기극은 빅뚱뚱이 친구들에게 자랑삼아 던진 이야기가 만천하에 드러나게 되었고 이 일로 그녀는 쫓겨날 위기에 처하게 되었다.

조선과학왕조 실록회의

조선과학왕조실록을 집필하는 사이언관에서는 이 사건에 대한 올바른 역사를 기록하기 위해 조선과학왕조 실록회의가 열렸다. 회의는 대과학 대감의 주재로 사건 관련 인물들이 참석해 진행되었다.

대과학 • 자! 이번 과학 홍보대사 선발대회의 부정에 대한 실록회의를 시작하겠소. 빅뚱뚱, 희빈 마마께서 노래를 잘 하느냐?

빅뚱뚱 • 그게…….

대과학 • ……. (너무 성급했나?)

빅뚱뚱 • …….

대과학 • 대답을 하지 않으면 직접 불러 보라고 부탁을 드리겠다.

대과학 대감은 장희빈에게 노래를 불러 보라고 부탁했다. 처음에 희빈은 극구 부르지 않겠다고 했으나 빅뚱뚱이 사실을 실토하자 어쩔 수 없이 부르기 시작했다.

음치도 이런 음치가 없었다. 고음 불가에 저음 불가 그리고 음정, 박자 무시까지 장희빈은 음치가 갖춰야할 모든 조건을 완벽하게 갖추고 있었다.

박뚱뚱 • 보셨지요? 희빈 마마는 신이 내린 음치예요.

대과학 • ……. (음치도 신이 내리나?)

대과학 • 그런데 심사위원들은 희빈 마마의 목소리가 완벽했다는데 그건 어떻게 된 것이냐?

박뚱뚱 • 사실, 희빈 마마께서는 입만 벌리고 노래는 통 뒤에서 제가 했어요. 이런 것을 립싱크라고 하지요.

대과학 • 그렇다면 사기가 아니냐!

장희빈 • 무슨 소립니까? 립싱크도 하나의 예술입니다. 제가 입 맞추는 훈련을 얼마나 열심히 했는지 아십니까!

대과학 • 가만, 당신이 희빈 마마이시옵니까?

장희빈 • 네.

대과학 • 그런데 소문과 다른 것 같사옵니다.

장희빈 • 무슨 말씀이십니까?

대과학 • 소문에는 얼굴을 CD로 가릴 수 있을 만큼 작다고 들었는데 지금 봐서는 CD가 아니라 레코드판으로 가려야 할 것 같사옵니다.

장희빈 • 아하! 그건 사실 렌즈의 마법을 이용했습니다.

대과학 • 그게 무슨 말씀이신지…….

장희빈은 조그만 오목 렌즈를 대과학 대감에게 가지고 갔다. 대과학 대감이 오목 렌즈로 장희빈을 들여다보자 얼굴이 CD에 가려져서 매우 놀란다.

장희빈 • 어떻습니까? 제 얼굴이 정말 작지 않습니까? 오목 렌즈로 물체를 보면 물체가 작게 보입니다. 저는 그걸 이번 무대의 콘셉트로 잡은 것 뿐입니다.

대과학 • 그럼 이번 무대는 어떻게 준비한 것이옵니까?

장희빈 • 제가 사용한 통은 사방이 오목 렌즈로 되어 있었습니다. 그러니까 그 안에 있었던 저는 매력적이면서도 귀여운 여인으로 보였고 그래서 전하의 총애를 받을 수 있었던 것입니다.

대과학 • 대단한 사기극인 것 같사옵니다. 실록에는 다음과 같이 적을 것이옵니다.

　숙종 때 장희빈은 오목 렌즈로 만든 통 안에서 공연을 펼쳐 자신의 외모를 매력적으로 보이게 하였으며 립싱크로 노래를 완벽하게 불러 숙종의 총애를 받았다.

장희빈과 인현왕후
볼록 렌즈의 성질

　오랜 기간 동안 지방으로 순시를 나갔다가 궁으로 돌아온 숙종은 장희빈의 실록회의에 참석하지 못했다. 그래서 자신이 장희빈에게 사기당했다는 것을 까마득하게 모르고 있었다. 장희빈은 숙종에게 실록회의의 내용이 알려지는 것을 막기 위해 대과학 대감과 수많은 대신들을 매수했다.

　하지만 그 다음이 문제였다. 장희빈을 한 번도 가까이에서 보지 못했던 숙종이 곧 그녀를 자신의 처소로 불러들일 것이라는 소식이 들렸던 것이다. 그 소식에 움찔해진 장희빈은 어쩔 줄 몰라 발만 동동 구르는 신세가 되었다.

"또 다른 묘안이 없을까? 전하가 만약 시험 때와 다른 나의 모습을 본다면 몹시 미워하실 것이 분명한데……."

장희빈은 도살장에 끌려가는 소처럼 풀이 죽어 하루하루를 보냈다. 며칠 후 드디어 장희빈은 숙종의 부름을 받았다.

"전하~ 장희빈, 전하께 인사드리옵니다."

장희빈은 머리를 조아리며 다소곳이 인사했다.

"어허, 어서 오너라! 내 이 시간을 손꼽아 기다렸다. 자~ 고개 들어 나를 보거라!"

숙종의 말에 장희빈은 살포시 고개를 들었다.

"헉! 이게 무슨 일이냐! 그 매력적인 외모를 자랑하던 낭자는 어디 가고 한 번도 본 적 없는 사람이 이 자리에 와 있는 것이냐! 어험, 이 조선과학왕조의 왕인 나를 희롱하다니!"

숙종은 더 이상 말을 잊지 못하고 장희빈을 내보냈다.

그 후 장희빈은 숙종의 눈 밖에 나서 더 이상 사랑을 받지 못하고 찬밥 신세가 되었다. 숙종은 장희빈을 멀리하면서 중전인 인현왕후와 사이가 점점 좋아졌고 장희빈의 야심이었던 중전의 꿈도 물거품이 되어 가고 있었다.

"이런! 시대를 잘못 타고 태어났어! 먼 미래에 태어났으면 얼굴을 작고 예쁘게 만들 수 있지 않았을까? 휴~ 이제 어쩌지?"

장희빈은 숙종의 마음을 돌려서 중전이 되기 위한 방법을 고민했으나 좋은 생각이 떠오르지 않아 답답하기만 했다.

"그렇지만 이대로 물러설 순 없어! 난 꼭 이 조선과학왕조의 중전이 돼야 해! 중전만 사라져 준다면 전하께서는 다시 나에게 돌아올 거야!"

마치 얼빠진 듯 장희빈은 혼자 중얼거렸다.

한참의 시간이 지나도 숙종이 자신의 처소를 찾지 않자 울적해진 장희빈은 궐 안을 타박타박 걷다 무수리들이 우루루 모여 있는 광경을 보게 됐다.

"도대체 무슨 일이지? 혹시?"

호기심 많은 장희빈은 무수리들이 자신을 험담하는 것 같아 살금살금 그쪽으로 다가갔다. 무수리들은 가을바람에 떨어진 낙엽들을 볼록 렌즈로 태우고 있었다. 장희빈은 그 모습을 보고 신기하다고 생각했다.

산책을 마치고 다시 처소에 돌아온 장희빈은 숙종이 오늘도 인현왕후와 함께 지내고 있다는 소식을 듣고 가슴이 답답해 용하다는 방울 도사를 불렀다. 방울 도사는 희빈의 처소에 도착하자마자 희빈 앞에서 눈을 감고 방울을 흔들더니 갑자기 멈추었다.

"사모하는 정인이 다시 본부인에게 가버려 마음이 심란하시군?"

방울 도사는 나오는 점괘를 서슴없이 이야기하기 시작했다.

'아니, 근데 이 늙은이는 내가 누군 줄 알고 반말을 하는 것이야! 가만, 그런데 어떻게 알아맞춘 거지? 오호! 늙은 점쟁이가 용하긴 용한가 보군!'

장희빈은 부글부글 끓어오르는 화를 누르고 방울 도사 말에 귀를 쫑긋 세웠다.

"방법은 하나밖에 없어! 중전의 초상화를 태워 서서히 병들어 죽게 하는 수밖에."

방울 도사는 방울을 마구 흔들어대며 코맹맹이 소리로 무서운 말들을 했다.

"그래! 역시 내 생각이 맞았어! 중전만 없어지면 되는 거지! 내가 서서히 병들어 죽게 해 줄 것이다! 오~호호호호!"

장희빈은 허공에 대고 아주 소름 끼치게 웃었다. 그리고 방울 도사가 돌아가자 장희빈은 서둘러 중전의 처소로 발을 옮겼다. 중전의 처소 처마 끝에는 조선과학왕조 미술계의 거장인 이화벽이 손 끝에 혼을 실어 영혼을 그렸다는 중전의 초상화가 걸려 있었다.

"그래! 바로 저거야! 가만, 어떻게 태워 버리지?"

장희빈은 아무도 모르게 감쪽같이 태울 방법에 대해 고심하다가 얼마 전 궁궐 뒤편에서 무수리들이 모여 있던 것이 생각났다.

"그렇지! 무수리들이 볼록 렌즈로 낙엽을 태우던 방법이 있었지!"

장희빈은 그날부터 햇빛 좋은 오후가 되면 중전의 초상화 쪽으로 가서 아무도 눈치 못 챌 만큼 서서히 중전의 초상화를 태웠다. 그럴 때마다 중전이 시름시름 앓았고 장희빈은 계속 중전의 초상화를 태웠다. 얼마 후 중전의 초상화는 군데군데 탄 흔적으로 너덜너덜해 졌다. 이를 이상하게 여긴 중전 처소의 상궁이 숙종에게 보고했고 숙종은 아주 노여워했다.

"감히 누가 이런 짓을 한단 말이냐? 가만두지 않을 것이니라! 대신들은 듣거라! 반드시 이 법을 범을 찾아 처벌을 내리거라!"

숙종은 진노했고 대신들은 한곳에 모여 범인을 찾기 위한 방법을 모색 중이었다. 긴 회의 끝에 범인 몇 명이 거론되었으나 물증이 없고 심증만 있는 상태라 대신들은 모두 곤란해 하고 있었다. 그러던 중 과조 판서는 지난 실록회의 자료를 살펴보다가 오목 렌즈와 관련된 기록을 발견했다.

"혹! 저번 오목 렌즈 사건으로 궁을 문란케 한 희빈 마마의 소행이 아니겠습니까? 지난번 렌즈 사건과 관련이 있을 듯 합니다."

"그렇습니다, 희빈 마마는 지칠 줄 모르는 야심 때문에 그리하고도 남을 사람입니다."

　모두 이렇게 결론을 내리고 과조 판서와 대신들은 장희빈을 용의자로 지목했다. 용의자가 지목되자 조선과학수사대의 고오난 대장은 숙종의 어명으로 장희빈의 처소에서 수사를 시작했다. 수사가 시작되고 얼마 지나지 않아 고오난은 장희빈*의 처소에서 볼록 렌즈를 발견했다. 그리고 바로 이 사실을 숙종에게 알렸다.

　"전하! 이번 중전 마마의 초상화 화재 사건은 희빈 마마의 소행인 것 같사옵니다."

　"그게 정말이냐?"

　"네, 볼록 렌즈를 이용하여 초상화를 태운 것이 틀림없사옵니다."

　조선과학수사대의 고오난 대장은 지금까지 조사한 문건을 모두 숙종에게 보여 주었다. 그것을 찬찬히 읽어보던 숙종의 얼굴이 붉으락푸르락해 졌다.

　"당장 장희빈에게 사약을 내리고 그 일족을 모두 처형하라."

　이리하여 숙종 때 권력을 탐하던 장희빈은 사약을 받고 황천으로 떠났다.

 조선왕조실록 들춰보기

● 장희빈 : 숙종의 후궁이다. 소의 시절 숙종과의 사이에서 아들을 낳았는데 그 아들이 원자에 책봉되자 빈이 되었다. 중전에 오르려는 야심 때문에 인현왕후를 모함해 쫓아내고 중전의 자리에 오르게 된다. 하지만 숙종이 다시 인현왕후를 복위시키자 이를 시기한 장희빈은 인현왕후를 저주하여 죽게 한다. 후에 이 일이 발각되어 사약을 받고 죽었다.

조선과학왕조 실록회의

조선과학왕조실록을 집필하는 사이언관에서는 이 사건에 대한 올바른 역사를 기록하기 위해 조선과학왕조 실록회의가 열렸다. 회의는 대과학 대감의 주재로 사건 관련 인물들이 참석해 진행되었다.

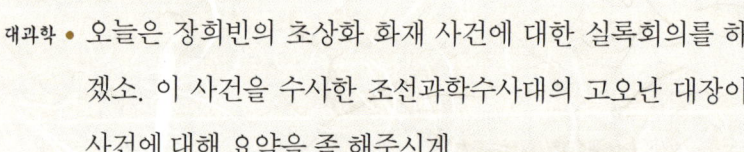

대과학 • 오늘은 장희빈의 초상화 화재 사건에 대한 실록회의를 하겠소. 이 사건을 수사한 조선과학수사대의 고오난 대장이 사건에 대해 요약을 좀 해주시게.

고오난 • 이 사건은 권력의 핵심이던 장희빈이 볼록 렌즈를 이용하여 중전 마마를 병들어 죽게 하려는 음모였습니다.

대과학 • 볼록 렌즈라는 것이 무엇인가?

고오난 • 보통의 렌즈보다 앞뒤로 볼록하게 튀어나온 뚱뚱이 렌즈입니다.

대과학 • 그게 무슨 무기라도 되는가?

고오난 • 실험해 보겠습니다.

고오난 형사는 볼록 렌즈를 들고 나와 대과학 대감의 손등에 태양에서 오는 빛을 모았다.

대과학 • 앗! 뜨거워! 손등에 화상 입을 뻔 했네. 그냥 말로 설명해도 되는데 이런 위험한 실험을 하다니! 내가 무슨 인간 모르모트도 아니고…….

고오난 • 대감의 이해를 돕기 위함이었습니다. 이렇게 과학을 피부로 직접 느끼는 것이 최고의 교육입니다.

대과학 • ……. (헉)

고오난 • ……. (하하하!)

대과학 • 알겠네. 볼록 렌즈는 빛을 한곳에 모으는 성질이 있군.

고오난 • 그렇습니다. 반면 오목 렌즈는 빛을 퍼지게 하는 성질이 있습니다.

대과학 • 두 렌즈가 빛에서는 어떤 성질을 가지는지 알았네. 두 렌즈의 또 다른 특징은 없는가?

고오난 • 볼록 렌즈는 일명 돋보기라고도 부릅니다. 물체를 크게 보이게 하기 때문입니다.

대과학 • 오목 렌즈는?

고오난 • 그건 물체를 작게 보이게 하니까 졸보기라고도 부릅니다.

대과학 • 돋보기와 졸보기? 그것들은 어디에 쓰는 물건인가?

고오난 • 눈이 나쁜 사람에는 근시와 원시의 두 종류가 있습니다.

대과학 • 무슨 차이인가?

고오난 • 근시는 먼 것이 잘 보이지 않고 원시는 가까운 것이 잘 보이지 않습니다.

대과학 • 그런데 안경을 쓰면 뭐가 달라지는 것인가?

고오난 • 사람의 눈에는 수정체라고 하는 렌즈가 있습니다. 그 렌즈는 볼록 렌즈이므로 들어온 빛을 한 점에 모읍니다. 이때 빛이 모이는 지점이 망막일 때 눈은 정상입니다. 하지만 근시인 사람은 수정체를 통과한 빛이 망막보다 앞에서 모입니다. 그러므로 이것을 보정하기 위해 수정체 앞에 오목 렌즈를 놓으면 빛이 망막에서 한 점에 모일 수 있게 됩니다. 그래서 물체가 잘 보이게 되는 것입니다.

반대로 원시인 사람은 수정체를 통과한 빛이 망막보다 뒤에서 모입니다. 그러므로 이것을 보정하기 위해 수정체 앞에 볼록 렌즈를 놓으면 빛이 망막에서 한 점에 모일 수 있게 되고 그래서 물체가 잘 보이게 됩니다.

대과학 • 허허, 렌즈의 신비에 대해 좋은 얘기 많이 들었네. 그럼 실록에는 다음과 같이 적을 것이네.

조선과학왕조 숙종 때 장희빈은 오목 렌즈로 자신의 얼굴을 작게 보이게 하여 숙종의 총애를 받았다. 얼마 후 자신의 본래 모습이 공개되고 숙종이 인현왕후와 가까워지자 이것을 시기하여 중전의 초상화를 볼록 렌즈로 태우는 악행을 저질렀다. 결국 장희빈은 숙종이 내린 사약을 마시고 죽었다.

빛의 굴절

이번에는 빛의 굴절에 대해 알아보죠. 빛이 공기 중에서 물속으로 들어가는 순간 꺾이는데 이것을 빛의 굴절이라고 불러요.

빛이 왜 물속으로 들어가면 꺾일까요? 이것은 공기 중에서 빛의 속도와 물속에서 빛의 속도가 다르기 때문이에요. 빛은 공기 중에서는 초속 30만 킬로미터로 움직이지만 물속에서는 빛의 속도가 4분의 3으로 줄어들지요. 그러므로 빛이 공기에서 물속으로 들어갈 때는 느려지는데 이런 상황에서 빛은 제일 짧은 시간이 걸리기 위해 꺾이게 돼요. 즉, 빠르게 지날 수 있는 공기 중에서 더 긴 여행을 하고 느려지는 물속에서 짧은 여행을 하면 빛이 전체를 이동하는 데 가장 짧은 시간이 걸리기 때문이지요.

신기루

빛의 굴절의 또 다른 예를 보죠. 여름에 도로 위를 달리면 아스팔트 위에 물웅덩이가 있는 것처럼 보이죠? 이것은 신기루 때문인데 이런 신기루가 생기는 이유는 바로 빛의 굴절 때문이에요. 여름에는 땅바닥이 뜨겁기 때문에 땅바닥의 공기들이 위로 올라가지요. 그러므로 위쪽은 공기가 많고 아래쪽은 공기가 적어요. 빛은 공기가 많은 곳에서 천천히 움직이므로 땅바닥 쪽에서는 빛이 빠르게 움직이고 위에서는 천천히 움직이므로 빛이 휘는 거지요. 이때 빛이 아래에서 위로 휘어지기 때문에 위에 있는 물체(예를 들면 파란 하늘)가 땅바닥에 있는 것으로 보이는 것이 여름철의 신기루예요.

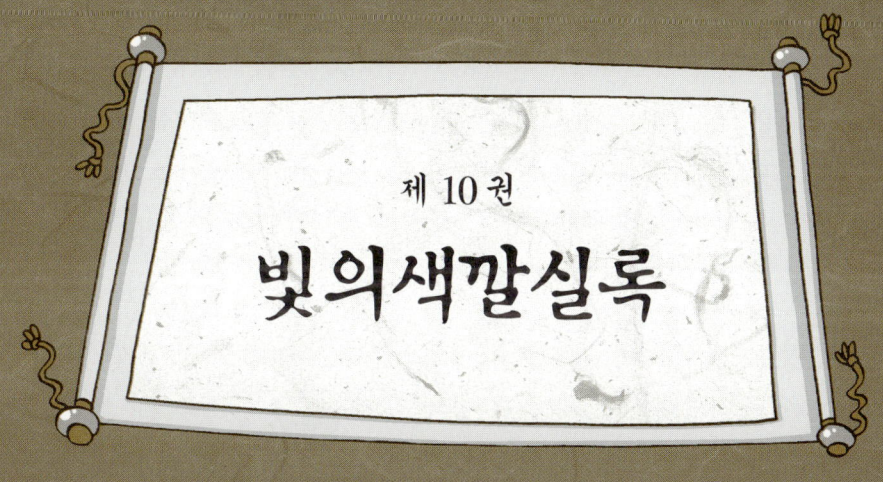

제 10권
빛의색깔실록

청림과 적림
가시광선

사도세자의 레이저 시술
레이저

나이트 프러포즈
형광과 자외선

청림과 적림
가시광선

조선과학왕조 현종 때 대신들은 뜻이 다르다 하여 파를 나누어 팽팽히 기싸움을 하고 있었다. 가슴이 뜨겁고 정열을 뜻한다 하여 붉은색을 사랑하는 적림파와 청렴하고 맑음을 뜻한다 하여 푸른색을 사랑하는 청림파는 사사건건 팽팽하게 맞섰다.

어느 날, 빨강 대감이 이끄는 적림파와 파랑 대감이 이끄는 청림파는 자의대비의 부름을 받아 가던 중 서로 마주쳤다. 어릴 적에는 친구였지만 이제는 적이 되어 버린 빨강 대감과 파랑 대감은 서로 만나기만 하면 100미터의 거리부터 눈빛에 불꽃을 튀기며 으르렁거리기 시작했다. 서로 거리가 가까워지자, 뒷짐 지며 헛기침하는 빨강 대감이 눈엣가시 같은 파랑 대감을 톡 쏘아보며 말했다.

"아! 저 태양의 붉음은 정말 위대해! 강열한 붉은색은 정열을 상징하니 이보다 좋을 수 있을까! 저 붉은색의 위대함을 내 감히 쳐다볼 수가 없구나."

빨강 대감은 태양의 붉음을 입에 침이 마르도록 칭찬했다.

"어허! 개미가 방귀 뀌다 똥구멍 찢어지는 소리! 저 높고 푸른 하늘을 보게. 얼마나 맑고 깨끗하며 영롱하기까지 한가? 신께선 우리가 푸르게 살라고 넓은 바다 또한 푸른색으로 물들여 주지 않았나! 청렴하게 살라고 주신 선물일세. 제발 무식함 좀 티 내지 말게. 쯧쯧."

이에 질세라 파랑 대감도 허공을 바라보며 날 세운 말로 빨강 대감을 망신 주었다. 두 파는 한 치의 양보도 없이 서로 팽팽하게 맞붙었다. 이렇게 두 파는 서로가 사랑하는 색깔이 최고라 주장하여 궐 안은 조용할 날이 없었다. 하지만 지금은 자의대비의 부름을 받고 가는 터라 더 이상의 신경전을 뒤로 미루고 발길을 재촉했다.

자의대비는 현종의 할아버지인 인조의 두 번째 아내로서 현종보다 열일곱 살이나 아래였다. 너무 어려서 대비로서의 인품을 갖추지 못한 자의대비가 못마땅했지만 현종은 어쩔 수 없었다. 그리고 그녀는 궐 안에서 하루가 멀다 하고 연회를 열어 자신의 춤 실력을 뽐냈다. 그날도 어김없이 연회 준비를 위해 대신들을 불러들였다.

"마마! 연회를 위해 제가 붉은색 풍선으로 무대를 꾸미고 붉은 조명 아래 더 아름다울 수 있도록 붉은 당의(唐衣)를 준비하겠습니다."

적림파의 빨강 대감이 큰소리로 자의대비에게 말했다.

"마마! 그건 아니 될 말씀이옵니다. 마마께서는 피부가 밝으셔서 푸른 조명 아래 푸른 당의를 입으셔야 그 아름다움이 더할 것이옵니다. 통촉하여 주시옵소서."

청림파의 파랑 대감이 목에 핏대를 세워가며 자의대비를 설득하려 했다. 두 파는 서로의 색깔을 지지하며 여기저기서 웅성거렸다. 허나 자의대비는 적림파를 지지하는 세력으로 붉은색 당의에 더욱 관심을 보였다. 이를 눈치 챈 파랑 대감이 입을 열었다.

"마마! 차라리 검은색 당의를 입으시어 적림파와 청림파의 중립을 지켜 주십시오."

시끌벅적한 실랑이 끝에 나온 묘안이었다. 허나 적림파를 지지하고 붉은색을 좋아했던 자의대비는 어깨를 늘어뜨리고 한숨을 지었다.

"이런! 저 대신들은 꼭 색깔 때문에 목에 핏대 세우며 싸운다니까. 내 맘대로 색깔 있는 옷도 못 입게 하고 색깔 때문에 왜 이런 아픔을 겪어야 하는지, 아~휴."

자의대비는 한숨 쉬며 대신들을 바라보았다. 그때 평소 흰색 옷을 즐겨 입고 색에 대해 연구를 하고 있는 조선 최고의 디자이너 안드리 김이 속상해 하는 자의대비를 위로했다.

"마마! 걱정하지 마십시오. 제가 해결하겠사옵니다."

안드리 김은 자의대비 옆으로 가서 조용히 소근거렸다.

"뭬야~? 정말 당신이 할 수 있단 말인가? 저 말 많은 대신들을 조용히 시키려면 아주 힘들 텐데."

자의대비*가 걱정하자 안드리 김 디자이너는 웃어 보이며 자

 조선왕조실록 들춰보기

● **자의대비** : 자의대비로 알려진 이는 인조의 계비 장렬왕후 조씨이다. 인렬왕후가 죽자 15세의 어린 나이로 44세였던 인조와 가례를 올린다. 인조와 소현세자, 효종이 죽자 자의대비가 입어야 할 상복의 착복기간이 정치 문제화 되어 서인과 남인의 의견이 팽팽히 대립했다. 이를 예송논쟁이라 한다. 자의대비는 남인과 서인의 예송논쟁 사이에서 불운의 시절을 보낸 비운의 여인이었다.

의대비를 안심시켰다.

　D-day 이틀 전! 안드리 김은 청림파에게 파랑 셀로판지로 된 선글라스를 선물했다. 선글라스를 선물 받은 청림파들은 세상이 온통 푸르게 보여 모두들 흡족해 했다. 그리고 연회 때 꼭 이 선글라스를 쓰고 오라는 대비 마마의 청도 있었다며 덧붙여 말했다.

　안드리 김은 자의대비에게 붉은 당의를 만들어주었다. 자신의 뜻대로 화려한 금박 장식의 붉은 당의를 입고 연회장에 온 자의대비는 즐거운 마음으로 연회의 시작을 알렸고 초대를 받은 적림파와 청림파의 대신들 또한 이날 만큼은 논쟁을 하지 않고 기분 좋게 연회를 즐겼다.

조선과학왕조 실록회의

조선과학왕조실록을 집필하는 사이언관에서는 이 사건에 대한 올바른 역사를 기록하기 위해 조선과학왕조 실록회의가 열렸다. 회의는 대과학 대감의 주재로 사건 관련 인물들이 참석해 진행되었다.

대과학• 오늘은 대비 마마의 연회에 대한 실록회의를 시작하겠소. 보안을 유지하기 위해 이 자리에 청림파와 적림파는 부르지 않았소. 하지만 실록에는 정확하게 기록해야 하니 대비 마마의 연회 의상을 담당한 안드리 김 디자이너가 이번 연회에 대해 설명하시게.

안드리• 대비 마마는 붉은색 옷이 잘 어울리십니다. 그래서 붉은 당의를 입으신 것입니다.

대과학• 가만. 청림파들은 대비 마마가 검은 옷을 입고 왔다는데…….

안드리• 그건 선글라스 때문입니다.

대과학• 그게 무슨 말인가?

안드리• 빛은 일곱 색깔로 이루어져 있습니다. 그런데 그 일곱 색깔의 빛 중 어느 색깔의 빛이 우리 눈에 오는가에 따라 물체의 색깔이 달라집니다. 가령 장미가 붉게 보이는 것은 장미가 일곱 색깔의 빛 중 붉은색만을 반사시키기 때문입니다.

대과학 • 그럼 파란색만 반사시키면 파란 물체로 보이겠군!

안드리 • 그렇습니다.

대과학 • ……. (어때? 내 응용력)

안드리 • ……. (그 정도는 기본인데)

대과학 • 그럼 물체가 검게 보이는 건 무슨 색을 반사시키는 것인가?

안드리 • 물체가 모든 색깔의 빛을 반사시키면 우리 눈에는 일곱 색깔의 빛이 모두 오게 됩니다. 이 빛들이 모두 합쳐지면 흰색이 되니까 우리는 하얀 물체를 보게 되는 겁니다.

대과학 • 나는 검은색 얘기를 했는데…….

안드리 • 성질도 급하십니다.

대과학 • 그러니까 검은색이 왜 생기는지 얘기하시게!

안드리 • 알겠습니다. 물체가 모든 색깔의 빛을 흡수하면 물체에서 반사되어 나오는 빛은 없습니다. 그러면 우리 눈으로 들어오는 빛도 없는데 이때 우리는 물체를 검은색으로 보는 것입니다.

대과학 • 그럼 이번 사건으로 넘어가겠네. 어떻게 마마께서는 붉은 옷을 입었는데 청림들은 검은 옷을 입었다고 믿은 것인가?

안드레 • 그건 파란 셀로판지 때문입니다.

대과학 • 왜 그런 것인가?

안드레 • 보통의 투명한 비닐은 모든 빛이 통과합니다. 하지만 셀로판지는 다릅니다. 파란 셀로판지는 파란 빛만을 통과시킵니다. 그래서 파란 셀로판지로 보면 세상이 파랗게 보이는 것입니다.

대과학 • 그럼 대비 마마의 옷이 파랗게 보여야 하지 않은가?

안드레 • 대비 마마의 옷은 붉은색입니다. 그러므로 붉은색만 반사를 시킵니다. 그런데 붉은색의 빛은 청림들의 선글라스에 있는 파란 셀로판지를 통과할 수 없으니 청림들의 눈에 들어가는 빛이 없습니다. 그러니까 청림들은 대비 마마의 옷이 검게 보였던 것입니다.

대과학 • 아하! 그런 이유였군! 그럼 실록에는 이와 같이 적겠소.

조선 현종 때 자의대비는 적립을 지지하여 왕실 연회에서 붉은색의 의상을 입고 싶어 했다. 하지만 파랑을 지지하는 청림의 반대에 부딪치자 자의대비는 조선 최고의 디자이너인 안드리 김의 아이디어로 청림이 파란 셀로판지 선글라스를 쓰게 했다. 그래서 자신의 붉은 옷이 검게 보이도록 하여 연회를 무사히 마칠 수 있었다.

사도세자의 레이저 시술
레이저

　영조의 아들 사도세자는 뒤주에 갇혀 죽어 더 유명하다. 이제 사도세자가 왜 뒤주에 갇혀 불행히 죽어 갔는지 살펴보자.
　사도세자는 눈에 보이지 않는 빛을 연구하는 생뚱맞은 왕자였다. 그는 보랏빛보다 파장이 짧은 적외선이 있고, 붉은빛보다 파장이 긴 적외선이 있다고 믿어 미친 듯 연구에만 빠져 있었다. 궁녀들을 모아 놓고 이런저런 실험을 한 탓에 이 일은 일파만파로 궁 안에 퍼져 결국 입이 심심하면 못 견디는 궁녀 나풀녀가 쪼로록 영조에게 달려가 사도세자의 일을 낱낱이 얘기했다.
　"뭐라! 장차 이 조선과학왕조를 이끌어 나갈 세자가 그런 허무

맹랑한 말을 한다고? 가만히 두고 볼 수가 없으니 냉큼 세자를 들라 하라!"

영조는 눈을 부라리며 호통을 쳤다. 얼마 후 세자가 머리를 조아리며 영조 앞에 무릎 꿇었다.

"세자, 눈에도 보이지 않는 빛이 있다며 유언비어를 퍼트리고 다닌다는데 그게 사실이냐?"

"아바마마, 그것은 유언비어가 아니옵니다. 정말 눈에는 보이지 않으나 분명 다른 빛이 있사옵니다."

사도세자는 확고한 자기 생각을 굽히지 않았다.

"나라의 중요한 업무를 돌보고 배우는 것이 세자로서 더 시급한 일이거늘, 어찌 그런 유언비어를 퍼트리고 다니느냐! 이번은 넘어가겠지만 민심을 어지럽히는 그런 유언비어를 다시는 입에 담지 말거라."

영조는 단호하게 사도세자의 말을 무시했다. 자신의 말을 믿어 주지 않아 사도세자는 억울하고 분했다. 그래서 그런 아버지가 그저 야속하고 미웠다. 억울하게 영조와 대신들 앞에서 꾸중을 듣고 나온 사도세자는 말 많은 궁녀들이 보고한 것이라 여기고 이를 갈기 시작했다.

그 일이 있은 후로도 사도세자는 영조의 말을 무시한 채 계속 연구했으며 자신의 연구 결과를 입증할 수 있는 레이저를 발명했다. 사도세자는 궁녀들을 혼내 줄 방법을 생각하다가 자신이 발명한 레이저를 이용하기로 했다.

제일 먼저 동궁전에서 자신의 시중을 드는 나인을 불러들였다.

"점수나~ 이리 와 보거라!"

"네, 세자 마마 부르셨사옵니까?"

"너는 얼굴에 자장면 국물이 튀었느냐? 무슨 새까만 주근깨가 그렇게 많으냐? 하하."

사도세자는 얌전히 있던 점수니를 놀렸다. 점수니의 피부는 백옥같이 희었지만 주근깨가 사방에 붙어 있어 까만 깨를 뿌려 놓은 것 같았다.

"흑흑흑, 저도 여자인데 너무 하시옵니다. 엉엉엉~."

점수니는 창피한 나머지 그 자리에서 울어 버렸다.

"뚝! 내가 그 점들을 모두 없애주면 울음을 멈추겠느냐?"

사도세자는 점수니의 약점을 건드리며 달콤하게 유혹했다.

"엥? 어떻게 말이옵니까?"

금세 눈물을 뚝 그친 점수니가 눈이 휘둥그래져서 사도세자를 바라보았다.

"내가 발명한 레이저를 이용하여 너를 피부 미인으로 만들어 주겠다. 어떻게 나를 한번 믿어보겠느냐? 이름하여 불법 성형술이니라."

평소에 두꺼운 화장으로 아무리 가려도 가려지지 않는 주근깨 때문에 스트레스를 많이 받던 점수니는 화장을 하지 않고 깨끗한 얼굴로 다닐 수 있다는 생각에 마냥 신이 나서 레이저 시술을 허락했다.

　이리하여 점수니를 시작으로 사도세자의 불법 성형술이 시작되었다. 이 불법 성형술은 궁녀들의 입에서 입으로 전해지고 다른 후궁들의 귀에까지 들어가게 되었다. 그래서 시술이 한창 궁녀들 사이에서 유행하고 있을 무렵 영조가 가장 아끼던 후궁 왕점자는 머릿결도 곱고 몸매 또한 매력적이었으나 코 끝에 시커멓고 커다란 왕 점 하나가 떡 하니 자리 잡고 있어 언제나 불만이었다. 이 소문에 귀가 솔깃해진 왕점자는 사도세자를 불러 물었다.

　"세자! 내 얼굴에 있는 이 왕 점을 깨끗하게 없앨 수 있겠습니까?"

　후궁 왕점자는 떨리는 목소리로 세자에게 물었다.

"그렇습니다. 이 신개발 레이저를 이용한 시술은 언제 그 자리에 왕 점이 있었는지도 모를 만큼 깨끗하게 없앨 수 있습니다. 허히히."

"저…… 그럼 그 거…… 나도 한번 받아 봅시다."

왕점자는 사도세자를 믿고 얼굴을 맡겼다. 그러나 사도세자는 다른 꿍꿍이가 있었다. 말 많은 궁녀들을 혼내 주고 아버지인 영조에 대한 반항심을 표현하는 방법으로 아무렇게나 불법 성형술을 했다. 얼마 후 궐 안은 아수라장이 되었다. 불법 성형술을 받은 궁녀와 후궁들이 모두 부작용으로 고생하기 시작한 것이다. 영조가 아끼는 왕점자 후궁 또한 부작용으로 얼굴이 망가지자 영조의 화는 머리끝까지 치밀었다.

예전부터 사도세자를 폐위시켜 죽이려 했던 신하들은 지금이 기회라 여기고 영조에게 상소를 올렸다. 그들은 사도세자가 미쳐서 불법 시술을 했으므로 조선과학왕조의 앞날을 위해 사도세자를 폐해야 한다고 청했다. 허나 영조는 사도세자의 아버지로서 자식을 어찌할 수 없어 한숨만 짓고 있었다. 폐세자를 청하던 신하들은 영조의 흔들리는 마음을 눈치 채고 비밀리에 일을 꾸몄다.

 조선왕조실록 들춰보기

● 사도세자 : 영조의 둘째 아들이다. 어려서는 학문을 가까이하여 총명했다. 하지만 세자 시절 당시 노론파를 비판하여 이들의 미움을 샀다. 그래서 노론 세력이 사도세자의 잘못을 과대포장하여 영조에게 말했고 평소 세자도 영조를 무서워한 탓에 이때부터 정신질환 증세를 보이게 된다. 이렇게 계속 비정상적인 행동을 하자 영조가 뒤주에 가둬 8일만에 굶어 죽게 한다.

연일 계속되는 신하들의 상소 때문에 영조는 고민의 날들을 보내고 있었다.

"전하! 머리도 식힐 겸 바깥바람이나 쐬고 오는 것이 어떻겠사옵니까?"

어둑해진 저녁, 과조 판서가 영조에게 산책 나갈 것을 권했다.

"흠, 안 그래도 세자 때문에 머릿속이 복잡하구나. 바깥 공기를 쐬면 좀 나아질 것 같으니 그렇게 하자꾸나."

머릿속이 복잡했던 영조도 시원한 바람이나 쐬고자 몸을 일으켰다. 과조 판서와 영조는 밝은 달빛을 받으며 터벅터벅 궐 안을 걸었다. 큰 정자나무 뒤를 돌아 달빛이 들지 않는 곳을 지나는데 무언가 영조의 눈에 반짝거리는 것이 보였다.

"아니, 저건 종이가 아니냐? 어떻게 종이가 이 어둠 속에서 저렇게 빛나는 것이냐? 얼른 가서 주워 오거라!"

영조는 어둠 속에서 밝게 빛을 내는 종이를 가리키며 말했다. 과조 판서가 돌아서서 살짝 입 꼬리를 올리며 살며시 웃더니 달려가 종이를 주워 영조에게 건네주었다. 그 종이에는 다음과 같이 쓰여 있었다.

"아버님이 할아버지를 죽였다!"
— 세자 —

"이…… 이런…… 죽일 놈! 세자가 어떻게 이럴 수 있단 말이냐!"

영조는 뒷목을 잡으며 간신히 몸을 가누고 있었다.

"전하! 고혈압을 조심하십시오."

과조 판서는 다른 신하들과 비밀리에 일을 꾸몄기에 영조를 걱정하는 척 했다.

어둠 속에서 더 밝게 빛나는 물질로 쓰여진 글귀를 본 영조는 세자에 대한 화가 극에 달했다. 이리하여 사도세자는 다른 세력 신하들의 계략으로 영조의 미움을 사서 뒤주에 갇혀 참담한 죽음을 맞이해야만 했다.

조선과학왕조 실록회의

조선과학왕조실록을 집필하는 사이언관에서는 이 사건에 대한 올바른 역사를 기록하기 위해 조선과학왕조 실록회의가 열렸다. 회의는 대과학 대감의 주재로 사건 관련 인물들이 참석해 진행되었다.

대과학 • 오늘은 사도세자 마마의 죽음에 대한 실록회의를 하겠소. 먼저 세자 마마께서 발명한 레이저의 정체가 궁금하니 이 점에 대해 과조 판서 이밝음 대감이 설명을 좀 해주시오.

이밝음 • 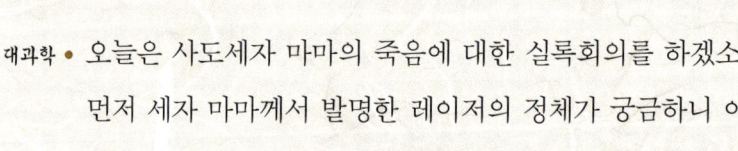 습니다. 이 모든 빛이 합쳐지면 흰빛이 됩니다.

대과학 • 그럼 레이저도 빛이오?

이밝음 • 그렇습니다. 레이저는 하나의 색깔만 가지고 있는 빛입니다. 붉은 레이저는 붉은 색깔의 빛만을 가지고 노란 레이저는 노란 색깔의 빛만을 가지고 있습니다. 흰빛을 어떤 물질에 쪼여 주면 그 물질에서 단 한 가지 색깔의 빛만 나오는 물질이 있는데 이런 물질을 레이저라고 부릅니다. 예를 들어, 루비나 헬륨에 흰빛을 쪼여주면 붉은빛이 나옵니다. 마마께서는 아마도 이런 물질을 찾아낸 것으로 보입니다.

대과학 • 그럼 마마께서 레이저를 이용하여 점을 빼는 방법을 개발한 것이 가능한 일이오?

이밝음 • 원리적으로는 가능합니다. 레이저는 한 색깔의 빛들만 모여서 나오기 때문에 빛의 세기가 강합니다. 그러니까 돋보기로 빛을 한 점에 모으면 물체를 태울 수 있듯이 세자 마마께서는 레이저를 이용하여 점을 태우려고 했을 것입니다. 하지만 레이저에서 나오는 빛의 세기가 너무 강해서 부작용이 많았던 것으로 생각됩니다.

대과학 • 그렇군! 그럼 마마께서 밤에만 보이는 글씨를 쓴 사건은 과학적으로 어떻게 설명할 수 있소?

이밝음 • 그건 야광 물질을 이용한 것이라 생각됩니다. 야광은 다른 말로 인광이라고도 부르는데 인의 화합물로 글씨를 쓰면 어둠 속에서도 빛을 내는 성질이 있습니다. 이것을 이용하여 야광 글씨를 썼고 이것을 전하께서 밤에 산책하다가 발견하게 된 것입니다.

대과학 • 이제야 알겠소. 아무튼 세자 마마께서는 빛에 대해 많은 발전을 이룬 것은 사실이나 그 결과를 적절하지 않은 곳에 사용하였으므로 폐세자가 되셨다고 생각되오. 그러므로 실록에는 이와 같이 기록하겠소.

조선과학왕조 영조 때 사도세자는 레이저를 발명하여 궐 안 여자들의 점을 빼주는 불법 성형술을 하다가, 레이저에서 나온 빛의 세기가 너무 강해 궐 안 여자들의 얼굴이 더 망가지게 되었다. 그는 또한 아버지 영조가 할아버지를 죽였다는 글을 야광 물질로 써서 궐 안에 유포하여 영조의 미움을 샀으며 그 일로 그는 뒤주에 갇혀 죽는 비운의 세자가 되었다.

무도회장 프러포즈
형광과 자외선

 조선과학왕조의 순조는 춤에 빠져 최근 무도회장 출입이 잦아졌다. 순조는 무도회장을 갈 때면 주위에 여자들을 많이 두었으며 무도회장에 가서는 최근에 유행하는 춤 연습을 열심히 했다.
 순조가 드나드는 무도회장은 천하절색의 미녀들과 양반집 규수, 왕의 후궁 등 내로라하는 양반 집안의 젊은 남녀들만 드나들 수 있는 일명 상류층들만이 모이는 장소였다. 순조는 이곳 무도회장을 자주 드나들면서 모든 사람들을 꿰뚫고 있었다.
 "유~후, 과 대감, 저 낭자는 못 보던 인물인데. 오늘 처음 온 것이 틀림없으렸다!"

순조는 무대 중앙에서 춤추고 있는 낭자에게 첫눈에 반해 옆에 있던 과 대감에게 물었다. 과 대감은 항상 순조 옆을 지키며 순조를 보필하고 있었다.

"네, 저도 처음 보는 얼굴이옵니다."

아리송한 표정을 지으며 과 대감도 그 낭자를 유심히 살펴보았다.

"어허! 어쩜 저리 고울 수가 있단 말인가? 하늘에서 선녀가 내려온 듯하구나!"

순조는 무대에서 춤추고 있는 낭자에게 다가갔다. 순조는 춤에 빠져만 있었지 춤 실력은 그리 좋지 않았다.

순조가 최신 유행하는 춤을 추며 은근슬쩍 다가갔다. 그러자 순조의 접근을 느낀 낭자가 질색을 하며 순조를 뿌리쳤다.

"어머! 왜 이러시옵니까?"

"어허~ 낭자가 나를 민망하게 하는구려. 낭자의 매력에 푹 빠졌으니 부디 나를 뿌리치지 말아주시오."

순조가 자리를 떠나지 않고 그곳에 머물러 있자, 낭자는 뒤도 돌아보지 않고 무대를 빠져나갔다. 홀로 남겨진 순조는 멍하니 처자가 나간 곳을 바라보았다.

"과 대감! 가슴이 콩닥콩닥 뛰는 것이 분명 병이 난 것이 틀림없다! 저렇게 사랑스런 낭자는 내 생에 처음 보는구나."

순조는 한눈에 반한 낭자가 자신을 외면하자 큰 충격을 받은 듯했다.

"전하! 그것은 병이 아니옵니다. 심려 마시옵소서. 제가 저 낭자에 대해 조사해 본 결과 북촌에 사는 최 참판의 셋째 딸로 아직 혼인을 하지 않은 것으로 아뢰옵니다."

과 대감은 전자수첩을 꺼내 뒤적거리며 순조에게 낭자의 인적사항에 대해 보고했다.

"흠, 저 낭자의 마음을 사로잡을 방법은 없는 것이냐?"

순조가 콩닥거리는 가슴에 손을 얹고 과 대감에게 물었다.

"전하! 최 참판의 셋째 딸을 보아하니 성격이 매우 도도한 것 같사옵니다. 그러나 걱정 마옵소서. 제게 좋은 수가 있사옵니다!"

"그러하냐! 그것이 무엇이냐?"

"전하! 요즘 낭자들은 이벤트를 아주 좋아한다 들었습니다. 그러니 전하께서도……."

일그러지는 순조의 얼굴을 보고 과 대감은 더 이상 말을 잇지 못했다.

"뭐라! 난 이 나라의 왕이니라! 그런 광대 같은 짓은 하지 않는다!"

순조가 펄쩍 뛰며 버럭 화를 냈다.

"전하! 아니하시면 아마 두고두고 후회하실 것이옵니다. 사랑에 부끄러운 것이 어디 있사옵니까?"

과 대감이 용기를 내어 순조를 설득했다.

"그래, 그건 그러한데……."

순조가 약간 누그러진 말투로 이야기하자 최씨 낭자를 위한 이벤트는 일사천리로 진행되었다.

　며칠 뒤, 순조는 춤 경연대회를 핑계로 많은 사람들을 무도회장으로 불러 모았다. 당연히 그 소식을 들은 최씨 낭자와 사람들이 구름 떼처럼 몰려들어 무도회장은 만원이 되었다.

　"아! 아! 마이크 테스트~!"

　"지금부터 춤 경연대회를 시작하겠습니다!"

　사회자의 말에 모두들 박수를 치며 환호성을 질렀다. 막춤으로 시작해 모두 하나되는 꼭짓점 댄스로 무도회장의 열기는 후끈 달아올라 있었다.

　"전하! 지금이옵니다!"

　과 대감이 손짓하며 순조에게 신호를 보냈다.

"알았느니라!"

손가락을 둥글게 말아 보이며 순조는 활짝 웃었다. 그러자 모든 주명이 꺼지고 무도회장 안은 마치 정전이라도 된 것처럼 어둠이 짙게 깔렸다. 어둠의 적막을 깨듯 잔잔한 곡이 흘러나오고 야광 불빛이 드러났다.

"최씨 낭자, 부디 나의 사랑을 받아 주시오~ 이렇게 애원하오."

순조는 최 참판집 셋째 딸에게 다가가 말했다. 순조의 옷에는 '사랑하오'라는 글이 선명하게 빛나고 있었다. 순조는 과 대감의 도움으로 미리 자신의 겉옷 위에 형광 물질로 '사랑하오'라는 글씨를 써 놓았던 것이다.

"네? 저 말씀이세요?"

최씨 낭자는 눈이 동그래져서 물었다.

"그렇소! 어디서 타는 냄새가 나지 않소? 지금 당신 때문에 내 마음이 불타고 있소!"

순조는 닭살스런 말까지 하며 장미꽃을 입에 물었다.

"어머~! 정말 감동이에요! 어쩜 이렇게 로맨틱 하실 수가."

최씨 낭자는 살며시 입에 문 장미를 건네 받으며 순조의 마음을 받아들였다. 그러자 무도회장의 조명이 켜지고 많은 사람들이 여기저기에서 박수를 치며 축하해 주었다. 과 대감의 과학적 이벤트로 순조는 사랑을 얻을 수 있게 되었다. 그러나 이를 지켜본 중전은 민망함에 서둘러 자리를 떠났다.

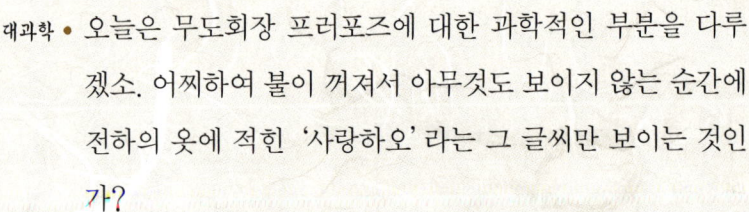

조선과학왕조 실록회의

조선과학왕조실록을 집필하는 사이언관에서는 이 사건에 대한 올바른 역사를 기록하기 위해 조선과학왕조 실록회의가 열렸다. 회의는 대과학 대감의 주재로 사건 관련 인물들이 참석해 진행되었다.

대과학 • 오늘은 무도회장 프러포즈에 대한 과학적인 부분을 다루겠소. 어찌하여 불이 꺼져서 아무것도 보이지 않는 순간에 전하의 옷에 적힌 '사랑하오'라는 그 글씨만 보이는 것인가?

이형광 • 보이지 않는 빛을 연구하는 과학현전 학사인 이형광입니다. 그 부분은 제가 설명해 드리겠습니다.

대과학 • 좋소. 전하의 옷에 써 있는 글씨의 정체는 무엇인가?

이형광 • 그건 저의 이름입니다.

대과학 • 아니? 이건 웬 동문서답?

이형광 • 제 이름이 무엇입니까?

대과학 • 형광 아닌가?

이형광 • 바로 형광이라는 빛의 성질 때문입니다.

대과학 • 좀더 알기 쉽게 설명해 보시게.

이형광 • 형광이란 눈에 보이지 않는 빛을 받아 눈에 보이는 빛으로 바뀌는 현상을 말합니다. 이런 성질을 가진 물질을 형광 물질이라고 부릅니다. 그러니까 전하께서는 형광 물질로 옷 위에 글씨를 쓴 것입니다.

대과학 • 눈에 보이지 않는 빛이라니, 그건 무엇인가?

이형광 • 형광을 일으키는 빛은 자외선이라는 빛입니다. 사람이 모든 빛을 다 볼 수 있는 것은 아닙니다. 사람이 볼 수 있는 빛은 빨강에서 보라까지 일곱 색깔의 빛인데 이를 가시광선이라고 부릅니다.

대과학 • 왜 가시광선인가?

이형광 • 한자로 쓰면 다음과 같습니다.

可視光線

대과학 • 可는 '가능하다'는 뜻이고 視는 '본다'라는 뜻이며, 光은 '빛'이라는 뜻이고, 線은 '선'이라는 뜻이군! 그렇다면 보는 것이 가능한 빛의 선, 이런 뜻인가?

이형광 • 딩동댕입니다. 대감!

대과학 • ……. (음, 좀 체면이 서는군!)

이형광 • ……. (헉, 별로 어려운 한자도 아닌데)

대과학 • 그럼 자외선은 무엇인가?

이형광 • 자외선은 한자로 다음과 같이 씁니다.

紫外線

대과학 • 紫는 '보라'를 나타내고 外는 '바깥'을, 線은 '선'을 나타내니까 보라 바깥에 있는 선이란 뜻인가?

이형광 • 여기서 선은 광선 즉, 빛을 나타냅니다. 그러니까 보라색의 빛보다 바깥에 있어서 우리가 볼 수 없는 빛이 자외선입니다.

대과학 • 어떻게 바깥에 있다는 것인가?

이형광 • 붉은빛에서 보랏빛으로 갈수록 빛은 에너지가 점점 커집니다. 이 범위의 에너지를 가진 빛이 우리 눈에 보이는 가시광선입니다. 하지만 보랏빛보다 에너지가 큰 빛은 우리 눈에 보이지 않는데 이를 자외선이라고 부릅니다.

대과학 • 자외선은 에너지가 크겠군!

이형광 • ……. (내가 한 얘긴데)

대과학 • ……. (아는 척 좀 했네)

이형광 • 자외선은 에너지가 매우 커서 얼굴을 잘 태우는 성질이 있습니다. 그래서 자외선에 많이 노출되면 얼굴에 기미나 주근깨, 점이 생기기도 합니다. 그리고 심하면 피부에 암이 생겨 죽을 수도 있습니다.

대과학 • ……. (헉! 자외선 심한 날 외출하지 말아야지)

이형광 • ……. (왕소심!)

대과학 • 이제 무엇인지 알겠소. 실록에는 위와 같이 적겠소.

조선과학왕조의 순조는 무도회장에서 아름다운 여인을 만나 그녀에게 멋진 프러포즈를 하기 위해 옷 위에 형광 물질로 사랑의 메시지를 썼다. 불이 꺼진 후 자외선 등을 자신에게 향하도록 하여 여인이 볼 수 있도록 했다. 이 일로 그 여인은 순조의 사랑을 받아들였고 그녀는 순조의 후궁이 되었다.

빛의 색

빛은 빨강부터 보라까지 일곱 색깔의 빛 알갱이로 이루어져 있어요. 그런데 이 중 세 가지 색깔의 빛 알갱이만으로도 흰색을 만들 수 있는데 그 세 가지 색깔을 빛의 삼원색이라고 하지요. 빛의 삼원색은 빨강, 초록, 파랑이에요. 이 세 빛이 합쳐지면 모든 색깔의 빛이 섞일 때 나오는 흰빛이 만들어지지요. 그럼 왜 물감의 삼원색은 빨강, 노랑, 파랑이고 이 모든 색깔의 물감을 섞으면 흰색이 되지 않고 검은색이 될까요? 그것은 우리가 색깔을 보는 과정과 관계가 있습니다. 우리는 물체에 반사된 빛을 보게 됩니다. 즉, 빨강 물감을 칠해 놓은 곳에 빛이 들어가면 붉은색의 빛을 제외한 모든 빛을 흡수하므로 반사된 빛에는 붉은빛만 들어 있어 우리 눈에는 붉게 보이는 것이지요. 그러므로 빨강, 노랑, 파랑 물감을 함께 칠하면 빨강 물감은 빨강을 제외한 모든 색깔의 빛을 흡수하고, 노랑 물감은 노랑을 제외한 모든 색깔의 빛을 흡수하며, 파랑 물감은 파랑을 제외한 모든 색깔의 빛을 흡수하지요. 그러므로 세 물감을 섞은 곳에서는 모든 색깔의 빛이 물감에 흡수되어 우리 눈에 들어오는 빛은 없기 때문에 물감이 검게 보이는 것이에요.

● **하늘과 바다가 푸른 이유**

바다가 푸른 녹색으로 보이는 이유는 하늘이 파란 이유와 달라요. 하늘이 파란 이유는 하늘을 이루는 공기 분자나 먼지들이 주로 파란빛을 반사시키고 그 파란빛이 우리 눈에 들어오기 때문이지요. 하지만 바다가 푸른 이유는 태양 빛이 바다로 들어가면 일곱 색깔의 빛이 모두 바닷물 속으로 들어가는데 이때 붉은빛은 바닷물 속에 흡수되고 나머지 색깔의 빛은 반사되어 나오기 때문이에요. 즉, 바다에서 반사된 빛에는 붉은빛 알갱이가 빠져 있지요. 그러므로 붉은색이 빠진 빛으로 바다를 보게 되는 거예요. 이렇게 일곱 개의 빛이 섞여 있다가 빨강이 빠진 빛을 빨강의 보색이라고 부르는데 바다는 바로 빨강의 보색인 푸른 녹색으로 보이는 거죠.

레이저

레이저는 물질 속에 빛을 쪼인 후 하나의 색깔을 가진 빛으로 다시 나오게 만든 인공의 빛을 말해요. 이렇게 레이저가 만들어지는 물질을 레이저 물질이라고 부르는데 레이저 물질의 종류에 따라, 나오는 레이저의 색깔이 달라지지요. 예를 들어, 우리가 흔히 사용하는 붉은빛의 레이저는 헬륨이라는 레이저 물질을 사용한 것이에요.

왜 레이저는 하나의 색깔만을 가질까요? 일반적으로 물질에 빛을 쪼여 주면 물질을 이루는 원자에 빛이 들어가지요. 원자는 핵과 그 주위의 전자들로 이루어져 있는데 이때 전자들은 제멋대로 있는 것이 아니라, 핵으로부터 일정한 거리만큼 떨어진 원궤도에 존재해요. 이때 핵으로부터 가까운 원궤도에 전자가 있을수록 전자의 에너지는 작아요. 그러므로 빛이 이런 전자와 충돌하여 전자에게 에너지를 주면, 전자는 핵으로부터 좀더 떨어진 에너지가 큰 궤도로 올라가지요. 하지만 전자는 전기를 띠고 전기를 띤 입자가 움직이면 빛이 발생하는데 빛의 에너지 만큼 에너지를 잃어버린 전자는 다시 에너지가 작은 궤도로 내려오게 돼요. 보통의 물질 속에 빛이 들어가면 전자들이 에너지가 높은 여러 궤도로 갔다가 빛을 방출하면서 에너지가 작은 궤도로 내려오는데 이때 여러 종류의 빛이 나오기 때문에 하나의 색깔의 빛이 되지 못하지요.

하지만 레이저 물질의 원자의 모습은 다른 물질과는 달라요. 이들 물질들은 전자들이 가장 낮은 에너지의 궤도로 내려오기 전에 잠시 머무르는 궤도가 존재해요.

이런 물질에 빛을 쪼여 주면 높은 에너지 궤도로 올라갔던 전자가 내려올 때 잠시 머무르는 궤도에 모였다가 한꺼번에 내려오면서 같은 에너지의 빛을 동시에 방출하지요. 같은 에너지의 빛이란 같은 파장의 빛을 의미하고 빛은 파장에 따라 색깔이 결정되므로 레이저 물질에서 나오는 빛은 같은 색깔의 빛이 동시에 나오는 모습이지요. 그런데 같은 색깔의 빛이 동시에 나오는 경우 빛의 세기가 커지는데 그것을 증폭이라고 해요. 이렇게 레이저 물질에서는 빛이 증폭되어 세기가 강한 색깔의 빛이 나오게 되므로 레이저 빛은 다른 빛보다 파괴력이 강해, 수술이나 공장에서 물건을 자를 때 사용할 수 있어요.

빛의 분산

햇빛이나 전등의 빛이 여러 가지 단색광으로 나누어 지는 현상을 빛의 분산이라고 해요. 예를 들어, 프리즘을 통해 백색광을 통과시키면 붉은 색깔의 빛은 적게 굴절되고 보라색으로 갈수록 더 많이 굴절되어 일곱 색깔의 빛이 분리되지요. 이렇게 만들어진 일곱 색깔의 띠를 스펙트럼이라 부르고 스펙트럼을 얻는 장치를 분광기라고 하는데 가장 간단한 분광기가 바로 프리즘이에요.

우리가 맑은 하늘에 무지개를 볼 수 있는 이유는 바로 빛의 분산 때문이지요. 이는 비가 온 뒤에 햇빛이 공기 중의 작은 물방울을 통과할 때 빛이 분산되어 여러 가지 색으로 나뉘어 보이는 현상이지요.

● 눈에 보이는 빛과 안 보이는 빛

빛이 여러 가지 색깔을 띠는 것은 파장이 다르기 때문이에요. 우리는 모든 파장의 빛을 볼 수 있는 것이 아니라 파장이 380나노미터에서 760나노미터사이의 빛만을 볼 수 있는데 이렇게 눈에 보이는 빛을 가시광선이라고 불러요. 여기서 나노미터는 아주 작은 길이를 나타내는 단위로 1미터를 10억 등분했을 때 한 조각의 길이지요. 우리가 눈으로 볼 수 있는 빛은 일곱 색깔을 띠는데 파장이 긴 것부터 차례로 쓰면 빨강, 주황, 노랑, 초록, 파랑, 남색, 보라예요. 빨간빛의 파장은 760나노미터 정도이고 보랏빛의 파장은 380나노미터이지요. 빛의 경우 파장이 짧을수록 에너지가 커지는데 보랏빛이 빨간빛보다 파장이 길기 때문에 보랏빛의 에너지가 빨간빛보다 크지요. 즉, 가시광선에서는 빨강에서 보라로 갈수록 에너지가 커져요.

그렇다면 빨간빛보다 파장이 길거나 보랏빛보다 파장이 짧은 빛은 어떻게 될까요? 그런 빛은 우리 눈에 보이지 않는데 빨간빛보다 파장이 길어서 우리 눈에 안 보이는 빛을 적외선, 보라빛보다 파장이 짧아서 우리 눈에 안 보이는 빛을 자외선이라고 불러요. 적외선은 빨간빛보다 파장이 길기 때문에 적외선의 파장은 760나노미터보다 길지요. 또한 자외선은 보랏빛보다 파장이 짧기 때문에 자외선의 파장은 380나노미터보다 짧지요.

파장이 짧을수록 에너지가 커지므로 자외선의 에너지가 가장 커요. 이렇게 에너지가 큰 빛에 오랫동안 쪼이게 되면 피부에 화상을 입을 수 있으므로 자외선이 강한 날에는 외출을 삼가고, 외출을 하려면 자외선 차단제를 바르고 외출하는 것이 좋아요.

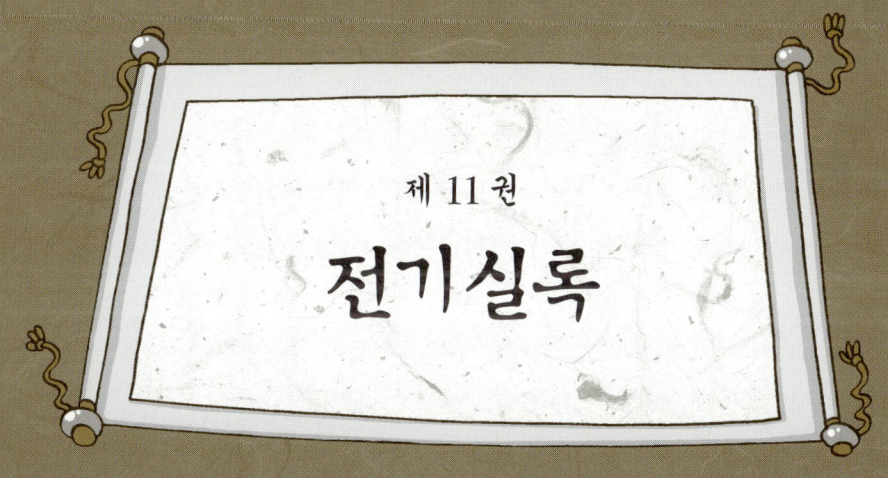

제 11 권
전기실록

애견 대회
정전기

홍경래의 난
전기

움직이는 개구리 요리
전지

애견 대회
정전기

초겨울 쌀쌀한 찬바람이 코끝에 살며시 스칠 때쯤이었다. 정조의 비인 효의왕후는 그 누구보다 강아지를 사랑하여 항상 옆에 끼고 애지중지했다. 정조의 다른 후궁들도 모두 애완견 사랑이 남달라서 서로 자신이 키우는 강아지들이 잘났다고 목청을 높였으며 만나기만 하면 싸우는 통에 궁 안은 조용할 날이 없었다.

정조가 연회를 열어 효의왕후와 후궁들을 초대했다. 효의왕후와 다른 후궁들은 모두 애완견과 함께 연회에 참석했다.

"호호호, 전하 우리 도도멍 좀 보세요. 우리 도도멍의 깊고 까만 눈을 바라보고 있으면 그 속에 쏙 빨려 들어갈 것 같지 않사옵니까?"

치와와를 기르고 있는 날라리아 후궁이 정조 앞에서 도도멍을 쓰다듬으며 말했다. 날라리아 후궁이 기르는 치와와는 항상 도도하다 하여 붙여진 이름이었다. 삐쩍 마른 몸에 성격이 앙칼스러워 정조만 보면 으르렁대며 날카로운 송곳니를 드러냈다. 허나 날라리아 후궁은 아랑곳하지 않고 도도멍을 정조 코앞에 들이밀었으니 정조의 인상은 일그러질 뿐이었다.

"아니, 그 무슨 말씀이십니까? 최고의 애완견은 재주 많고 말 잘 듣는 우리 뽀글멍이 최고죠. 앞발로 깡충깡충 뛰는 모습이 아주 끝내준답니다."

뽀글뽀글한 갈색 털의 푸들을 키우고 있는 나잘난 후궁이 뽀글멍을 두발로 서게 해 보이며 정조 앞에서 자랑했다.

"무슨 말이오! 당장 거두시오! 애완견의 총명함으로 따지자면 우리 푹신멍이 최고고, 말 잘 듣고 얌전하기로 둘째가라면 서럽지요."

마르티즈를 키우고 있던 효의왕후가 근엄한 목소리로 말했다. 푹신멍은 희고 윤기 나는 긴 털에 앞머리는 빨간 리본으로 단정하게 묶고 얌전하게 왕후의 팔에 안긴 채 요염한 자세를 뽐내고 있었다.

"휴~ 과인은 중전과 후궁들의 애견 사랑 등쌀에 못살겠구려. 아이고~ 그만들 좀 하시오! 계속 자신들의 애완견이 잘났다고 이렇게 시끄러우니, 쯧······."

정조는 애견들 때문에 서로 티격태격하는 여인들이 한심스러웠다.

연회의 분위기가 점점 무르익어 가고 모두들 모여 즐겁게 식사를 하고 있었다. 정조와 중전을 중심으로 둘러앉은 대신들은 모두 한마디씩 하기 시작했다.

"아니 뭔가! 우리가 개만도 못하단 말인가? 저 강아지들은 개 전용 요리사의 뼈다귀 특식을 먹고 우리 대신들의 밥상은 모두 풀밭이니, 이 나라가 어떻게 돌아가고 있는 것인지. 더 있다가는 개 천국이 될 것이야!"

강아지들의 특별 대우에 개시러 대감이 볼멘소리로 불만을 토해 냈다.

"이런, 이 질퍽거리는 게 도대체 뭐야? 내 신발이 개 화장실이야 뭐야! 흠뻑 다 젖었잖아~ 어휴 지린내까지, 내가 못살아~."

대신들의 불만은 더욱 높아만 갔고 정조는 중전과 후궁들의 애견사랑 때문에 몸살이 날 지경이었다. 정조를 도와 나랏일을 보는 과의정이 참다 못해 정조에게 묘안을 제시했다.

"전하, 이렇게 두고만 볼 수는 없사옵니다. 저에게 아주 기발한 생각이 있사옵니다."

"아니, 그것이 무엇이냐? 이 궐 안을 조용히 시킬 수 있겠느냐?"

정조는 호기심 어린 눈을 하고 물었다.

"네, 전하! 다름이 아니오라 조선과학왕조 최초의 애견 대회를 열어 1등을 하는 개가 최고의 개라 함이 어떠하겠습니까? 그러면 중전 마마나 후궁 마마들께서도 다른 말씀은 못하실 것이옵니다."

"옳거니! 그 방법이 있었구나!"

정조는 과의정의 말에 반가운 기색이 역력했다. 그리고는 중전과 후궁들에게 명령했다.

"모두들 잘 들으시오. 조선과학왕조 최초의 애견 대회를 열 것이오! 대회에서 1등을 하는 개에게 많은 상금을 지급하는 동시에 이 조선과학왕조에서 최고의 개로 임명할 것이니 1등을 하지 못한 개들은 다시는 궁을 시끄럽게 만들지 마시오."

왕의 말이 떨어지기 무섭게 효의왕후와 후궁들은 애견샵으로 달려갔다. 대회에 필요한 치장을 하기 위함이었다. 개 선글라스, 개 신발, 개 옷, 개 금 목걸이 할 것 없이 궁 안의 애견샵이 모두 동이 날 지경이었다. 개 주인들은 모두 개의 몸만들기에 열중했다. 운동 시키기는 것은 물론 개의 특별 사료까지 아끼지 않고 모두 먹였다. 대회를 며칠 앞둔 어느 날 효의왕후가 급하게 어의를 불렀다.

"우리 푹신멍이 아픈 것 같은데 누가 진찰을 해줄 수 있겠느냐?"

"마마, 황공하옵게도 조선과학왕조에는 개를 치료할 수의사가 아직 없는 것으로 아뢰옵니다."

내시가 파르르 떨며 얘기했다. 왕후의 불호령이 떨어질 것이라 알고 지레 겁먹었던 것이다.

"아니, 그게 도대체 무슨 말이냐? 최첨단을 달린다는 조선과학왕조에 아직 수의사가 없다니 말이 되는 소리냐! 이 일을 어찌한단 말이냐!"

효의왕후는 갈라지는 목소리로 불호령을 내리며 안타까워했다.

마침 왕후의 처소 근처를 지나고 있던 과의정은 중전의 처소에 큰소리가 나자 놀라서 처소로 들어왔다.

"중전 마마, 무슨 일이십니까? 마마의 목소리가 궁 안을 쩌렁쩌렁 울리옵니다!"

"대감, 이 일을 어찌하면 좋은가? 대회를 며칠 앞두고 우리 푹신멍이 밥을 먹지 않네. 이렇게 못 먹다간 대회에 나가서는 힘도 못 쓸텐데 큰일이네."

왕후는 앙상하게 말라가는 푹신멍을 크게 걱정했다.

"아니, 갑자기 그러는 이유가 무엇이옵니까? 혹시 며칠 사이 푹신멍에게 달라진 점은 없사옵니까?"

과의정이 푹신멍을 이리저리 살피며 왕후에게 물었다.

"달라진 것은 없네. 가만, 그리고 보니 치와와 도도멍을 기르는 날라리아 후궁이 우리 푹신멍의 밥그릇을 선물하였는데 화려하고 예쁜 금속 접시를 선물로 받아 얼마나 좋아했다고."

"이 쌀쌀한 초겨울 날씨에 금속 접시라, 아마 그것이 문제를 일으킨 것 같사옵니다. 마마! 당장 금속 접시를 사기 접시로 바꾸시는 것이 좋을 것 같사옵니다."

과의정이 그 이유에 대해 찬찬히 설명했다.

"이 고얀 날라리아! 일부러 그런 것이 틀림없느니라! 내가 날라리아를 가만 두지 않을 것이야!"

모든 설명을 다 들은 왕후는 빨갛게 달아오른 얼굴로 화를 냈다.

하지만 며칠 남지 않은 대회까지 푹신멍의 건강을 회복하기엔 너무 시간이 촉박했다.

며칠 후 정조의 심사 아래 대회가 열렸다. 개의 워킹으로 시작하여 개의 근력과 재롱까지 모든 심사가 꼼꼼하게 진행되었다. 엄격한 기준으로 심사위원의 심사가 끝이 나고 드디어 발표 시간이 다가왔다.

"자, 1등을 발표하겠소! 이번 최초의 조선과학왕조 애견 대회 1등은 종합 점수 9.8로 날라리아 후궁의 도도멍이오."

정조는 심사 결과를 큰소리로 외쳤다.

"잠깐, 억울하옵니다! 날라리아 후궁이 술수를 부린 겁니다. 전하, 제 말 좀 들어 보시옵소서."

효의왕후가 정조의 말을 끊으며 애타게 소리쳤다. 그리고는 과의정에게 날라리아 후궁의 음모를 일일이 고하게 했다. 그러자 잠시 조용한 침묵이 흘렀다.

"이런 고얀 것 같으니라고! 그 말이 사실이더냐!"

과의정에게 모든 사실을 듣게 된 정조는 그 자리에서 몹시 흥분하여 날라리아 후궁을 다그치기 시작했다.

"날리라아 후궁은 어서 사실을 고하라."

"그게 아니옵고……."

날라리아 후궁은 고개를 떨어뜨린 채 말을 잇지 못했다. 이리하

여 날라리아 후궁의 도도멍은 1등을 박탈당하고 2등이었던 푹신 멍이 과외정의 도움으로 1등을 차지하게 되었다.

조선과학왕조 실록회의

조선과학왕조실록을 집필하는 사이언관에서는 이 사건에 대한 올바른 역사를 기록하기 위해 조선과학왕조 실록회의가 열렸다. 회의는 대과학 대감의 주재로 사건 관련 인물들이 참석해 진행되었다.

대과학 • 오늘은 조선과학왕조 최초의 애견 대회에 대한 실록회의를 시작하겠소. 먼저 이번 사건의 배경에 대해 과의정께서 설명해 주시오.

과의정 • 이번 사건은 정전기와 관련된 사건이오.

대과학 • 그럼 정전기가 무엇이오.

과의정 • 정지해 있는 전기라는 뜻이오.

대과학 • 그럼 움직이는 전기도 있소?

과의정 • 그건 전류라고 부르오.

대과학 • ……. (헉, 동전기인줄 알았는데)

과의정 • ……. (뭐라고 생각했는지 알고 있지)

대과학 • 그럼 정전기를 좀더 쉽게 설명해 주시겠소?

과의정 • 전기에는 두 종류가 있는데 양의 전기와 음의 전기요. 두 물체를 마찰시키면 두 물체는 서로 다른 종류의 전기를 띠게 되는데 이렇게 띤 전기는 제자리에 정지해 있기 때문에 정전기라 부르고 또 다른 말로는 마찰 전기라고 부르오.

대과학 • 정전기를 띠면 뭐가 달라지오?

과의정 • 전기를 띤 두 물체 사이에는 힘이 작용하오. 그 힘을 전기력이라고 하는데 두 물체가 서로 같은 종류의 전기를 띠면 서로 밀치는 힘이 작용하고 서로 다른 종류의 전기를 띠면 서로를 잡아당기는 힘이 작용하오.

대과학 • 그럼 정전기는 서로 다른 전기를 띠니까 서로 달라붙겠군.

과의정 • 딩동댕이오. 대감! 정전기를 띠면 두 물체가 서로 달라붙는 성질이 있소. 비닐로 옷을 감싸면 비닐이 잘 안 떨어지는 것처럼 말이오.

대과학 • 맞소. 세탁소에서 옷 찾아올 때마다 겪는 일이오.

과의정 • 그건 비닐과 옷이 서로 다른 종류의 전기를 띠어 서로 달라붙기 때문이오.

대과학 • 이번 사건이 정전기와 무슨 관계가 있소?

과의정 • 마찰에 의해 생긴 정전기는 어떤 물체를 통해 다른 곳으로 이동할 수 있소. 이렇게 전기를 이동하게 하는 물체를 도체라고 하오. 대부분의 금속이 바로 전기를 잘 흐르게 하는 도체요.

대과학 • 옳거니! 이번 사건에 금속 접시가 관련이 있을 것 같소.

과의정 • 그렇소. 날라리아 후궁은 최근 정전기에 대한 강의를 들은 적이 있는데 정전기를 이용하여 이번 도그 대회에서 자신의 개를 우승시키기 위해 음모를 꾸민 것이오.

대과학 • 구체적으로 어떻게 음모를 꾸몄다는 것이오?

과의정 • 중전 마마의 푹신멍은 털이 많은 강아지요. 이렇게 털이 많은 강아지가 궁궐을 이리저리 돌아다니다 보면 마찰로 인해 정전기가 많이 생기게 되오.

대과학 • 전기를 띤 강아지가 되겠소!

과의정 • 물론이오.

대과학 • 그럼 날라리아후궁이 선물한 금속 접시와는 무슨 관계가 있소?

과의정 • 금속 접시에 음식을 주면 전기가 많이 고여 있는 푹신멍의 몸에서 금속 접시로 갑자기 전기가 흘러 나가면서 번개가 생기듯이 스파크가 일어나게 되오. 그것에 놀란 푹신멍이 더 이상 금속 접시에 얼씬도 안 하게 되어 밥을 못 먹게 된 것이오.

대과학 • 허허. 괘씸한 음모요!

과의정 • 그래서 나는 당장 금속 접시를 치우고 사기 접시에 먹이를 주라고 마마께 권한 것이오.

대과학 • 그러면 뭐가 달라지오?

과의정 • 사기는 전기가 통하지 않는 물질이오. 이런 물질을 물리학에서는 부도체라고 부르오. 그러니까 푹신멍의 몸에 생긴 전기가 사기를 통해 흘러 나가지 않아 전기 불꽃이 일지 않소. 그럼 푹신녕은 마음 놓고 밥을 먹을 수 있는 것이오.

대과학 • 허허. 그런 일이 있었군. 그럼 실록에는 다음과 같이 적겠소.

조선과학왕조 정조 때 효의왕후를 비롯해 후궁들 사이에서 애견을 키우는 일이 유행처럼 번졌고 이로 인해 최고의 개를 뽑는 애견 대회가 열렸다. 그 과정에서 날라리아 후궁은 자신의 애견 도도멍을 우승시키기 위해 경쟁자인 효의왕후의 애견 푹신멍에게 금속 접시를 선물하였는데 푹신멍의 몸에 생긴 전기가 금속 접시를 통해 빠르게 흘러 나가면서 전기 불꽃이 일어나 며칠 동안 밥을 먹지 못했다. 하지만 이 음모는 과의정에 의해 발각되어 결국 애견 대회의 우승은 정전기에 의한 부상을 극복한 푹신멍에게로 돌아갔다.

홍경래의 난
전기

조선과학왕조 순조 때 안동 김씨들의 세력이 날로 커져가고 있었지만 나라의 왕 또한 쉽사리 그들을 통제하지 못하였다. 안동 김씨의 최고 세력가인 김밝힘 대감은 상민들을 우습게 알고 무시하기 일쑤였으며 하찮은 대우를 하고 핍박을 주었다.

"게 아무도 없느냐~ 우리 집 노비들을 모두 모이게 하여라!"

김밝힘 대감은 오늘도 어김없이 노비들을 불러 모았다. 노비들은 하던 일을 멈추고 일사분란하게 앞마당으로 모였다.

"어흠! 다 모였느냐? 그럼 오늘의 일거리를 주겠다. 너희들이 어떻게 하느냐에 따라 오늘의 저녁 식단이 정해질 것이니 모두 앞에 보이는 털옷을 입고 몸을 벽에 문지르거라!"

김밝힘 대감은 쭉 찢어진 작은 눈 사이로 보이는 눈동자를 요리조리 굴리며 의미심장한 미소를 지었다.

"도대체 또 무슨 꿍꿍이야? 이 한여름에 무슨 털옷이냐고~! 저 양반은 하루도 우리들을 가만 안 둔다니까, 아이고 내 팔자야!"

노비들은 서로의 얼굴만 빤히 쳐다볼 뿐이었다.

"어서 시행하거라! 이~히히히~ 그리고 사랑채와 별채, 아니 이 집 구석구석을 데굴데굴 굴러다니면서 청소를 하여라!"

김밝힘 대감은 노비들이 당황해 하는 모습을 보며 간사하게 웃었다. 노비들은 하는 수 없이 무더운 한여름에 털옷을 입고 먼지가 잘 달라붙을 수 있도록 서로 몸을 벽에 문질러 전기를 띠게 한 뒤 이 방 저 방으로 흩어져 굴러다니며 청소를 해야만 했다.

김밝힘 대감의 횡포는 이에 그치지 않고 날로 포악해졌다. 그칠 줄 모르는 김밝힘 대감의 횡포는 그 대상이 노비뿐만이 아니었다. 상민을 우습게 여기는 김밝힘 대감은 전기 쇠꼬챙이를 이용해 동네 아낙들의 치마를 들어 올리는 짓도 서슴지 않았으며 아낙들의 머리카락을 삐죽삐죽 서게 해 올리곤 했다. 마을 사람들은 김밝힘 대감의 횡포에 아주 몸살이 날 지경이었다.

어느 날 그 마을에서 농사를 짓고 사는 홍경래의 아내가 서러운 듯 눈물을 보이며 집으로 뛰어 들어왔다.

"아니 여보, 어찌 눈물을 보이시오? 당신이 이리 서럽게 우는 것은 처음 보오. 나가서 무슨 속상한 일이라도 겪은 것이오?"

홍경래는 울며 들어오는 아내가 걱정되어서 무슨 일인지 묻기 시작했다.

"흑흑흑~ 여보, 무슨 그런 사람이 다 있어요? 저 오늘 부끄러워서 혼났어요. 엉엉엉."

"도대체 무슨 일이길래 그러시오? 어서 말해 보시오."

"아니 글쎄, 길을 가고 있는데 대낮에 김밝힘 대감이 내 치마를 들추는 거예요!"

홍경래의 아내는 양손으로 얼굴을 다 가린 채 창피해 하였다.

"그것이 사실이오? 여보 울지 마시오, 내가 꼭 김밝힘 대감을 혼내주겠소!"

홍경래는 부인의 말을 듣고 이대로는 안 되겠다고 생각해 김밝힘 대감을 혼내줄 방법을 고민하기 시작했다.

"그래, 이 방법이면 되겠어!"

며칠 후 홍경래는 김밝힘 대감에게 초대장을 보냈다.

앙둥의 발전을 위해 힘쓰는 파워풀 건설에서
관광지 사업을 추진합니다.

조선왕조실록 들춰보기

● 홍경래의 난 : 조선 순조 때의 혁명가이다. 조선 후기 사회 경제가 발전하자 많은 인재가 필요하였다. 그리고 서민층에게 교육의 기회가 확대됨에 따라 이들 중에서 무사로서 관직에 나가고자 하는 사람들이 많았다. 그런데 인재를 등용함에 있어 지역적으로 차별을 두고 지방의 인재들이 소외되자 이에 불만을 품은 홍경래가 평안도를 중심으로 난을 일으켰다.

마을에 풀장을 오픈하오니
꼭 참석하셔서 부디 자리를 빛내 주십시오!
그리고 하나둘 댄스 팀과
예쁜 이벤트 걸늘이 특별 출연합니다.

"아니, 이게 뭐야? 내가 누군 줄 알고 오라 가라 하는 거야, 건방진 것들!"

김밝힘 대감은 신경질적으로 초대장을 구겨서 버리려는 순간 뭔가 궁금했는지 초대장을 다시 폈다.

"가만, 풀장과 특별 출연팀이 궁금한 걸? 어디 심심한데 구경이나 가볼까?"

김밝힘 대감은 입술 사이로 흘러내리는 침을 닦았다.

며칠 후 오픈식 날이 되자 김밝힘 대감과 마을 사람들이 모두 풀장으로 모였다.

"자~ 풀장의 오픈식을 시작하겠습니다. 이 자리를 빛내준 많은 마을 분들에게 감사의 뜻을 전하며 다이빙 이벤트부터 시작하겠습니다. 많은 기대 부탁드립니다. 이어서 댄스 가수 하나둘의 축하 공연이 있겠습니다!"

사회자의 말이 끝나자 사람들은 모두 박수로 화답해 주었다. 깜찍한 옷차림의 예쁜 이벤트 걸들과 함께 등장한 하나둘 댄스팀은 신나는 음악에 맞춰 노래하며 춤추기 시작했다.

♪ 엉덩일 흔들어봐~
실룩실룩 흔들어봐~
우리 함께 춤춰~
이 시간을 즐겨~ ♪

노래와 함께 이벤트 걸들은 김밝힘 대감에게로 서서히 다가가기 시작했다.
"어머~오빠~ 저희와 함께 춤춰요!"
이벤트 걸들이 김밝힘을 자신 쪽으로 이끌었다.
"어허! 때끼! 어디서 감히!"
김밝힘 대감이 웬일로 미녀들을 마다하는 듯이 보였다.
"아~잉 화내는 모습도 귀엽잖아. 이리 와서 엉덩이춤 같이 춰요!"
또 다른 미녀가 눈웃음을 치며 김밝힘 대감을 유혹했다.
"허허~ 그래, 그럼 어디 오랜만에 몸 한 번 풀어볼까?"
김밝힘 대감은 못 이기는 척 미녀들과 함께 다이빙 판 위에 올라가 춤을 추기 시작했다. 열심히 엉덩이를 흔들어대며 춤을 추다 미녀 엉덩이에 엉덩이를 부딪쳤다.
"아이~ 아야아야~."
김밝힘 대감은 익살스럽게 엄살을 피웠다.
"아~잉!"
미녀의 애교와 함께 김밝힘 대감은 제대로 엉덩이를 맞았다.

"어? 어어어어……."

김밝힘 대감은 슬로우 비디오처럼 슬며시 미끄러져 아직 아무도 들어가지 않은 풀장으로 곤두박질쳤다. 이때다 싶은 홍경래는 파란 깃발을 들어 올려 미리 준비하고 있던 마을 주민들에게 신호를 보냈다. 그러자 마을 주민들은 일제히 뒤로 물러서며 전기 스위치를 올렸다.

"으악!"

김밝힘 대감의 비명이 메아리치듯 들려왔다. 물속으로 전류가 흐르자 김밝힘 대감의 머리카락은 폭탄 맞은 마냥 하늘로 쭈뼛쭈뼛 서고 얼굴은 석탄가루를 뿌린 것처럼 시커멓게 변해 있었다.

"아주 쌤통이다! 그렇게 상민들과 노비들을 우습게 알더니 꼴~ 좋다! 우리도 힘을 합치면 이렇게 너 하나쯤 혼내는 건 일도 아니야! 홍!"

홍경래가 아주 고소해 했다. 그곳에 모인 많은 마을 주민들은 모두 박수치고 통쾌해 하며 김밝힘 대감의 모습에 통쾌해 했다. 그 후 김밝힘 대감의 풀장 굴욕 때문에 모든 앙등 김씨 사람들은 얼굴을 들고 다닐 수가 없었다.

조선과학왕조 실록회의

조선과학왕조실록을 집필하는 사이언관에서는 이 사건에 대한 올바른 역사를 기록하기 위해 조선과학왕조 실록회의가 열렸다. 회의는 대과학 대감의 주재로 사건 관련 인물들이 참석해 진행되었다.

대과학 ● 오늘은 앙등 김씨 김밝힘 대감 사건에 대한 실록회의를 하겠소.

홍경래 ● 대감! 그는 전기를 이용하여 노비들과 부녀자들을 희롱했습니다.

대과학 ● 구체적으로 어떻게 전기를 이용했다는 것이냐?

홍경래 ● 두 물체를 문지르면 전기가 생긴다는 것을 알고 계십니까?

대과학 ● 알고 있네.

홍경래 ● 김밝힘 대감은 노비들에게 한여름에 털옷을 입힌 다음 벽에 문질러 전기를 생기게 한 후 집안을 뒹굴게 하여 먼지가 옷에 달라붙게 하였습니다. 즉, 우리는 인간 청소기가 된 것입니다.

대과학 ● 그렇게 하면 정말 먼지가 잘 달라붙느냐?

홍경래 • 대감! 후춧가루와 소금을 섞으시면 제가 그 두 가지를 완벽하게 분리해 보겠습니다.

대과학 대감은 내시를 시켜 소금과 후춧가루를 섞어 접시에 담았다. 홍경래는 플라스틱 숟가락을 열심히 털옷에 문질렀다. 그리고는 숟가락을 접시에 가져다 대었다. 그러자 후춧가루가 튀어 올라 숟가락에 달라붙고 접시에는 소금만 남게 되었다.

대과학 • 정말 신기하군! 어떻게 후춧가루가 튀어 올라가 달라붙은 것이냐?

홍경래 • 정전기 때문입니다.

대과학 • 그럼 왜 소금은 안 올라간 거지?

홍경래 • 소금은 너무 무거워서 못 올라간 겁니다. 그래서 가벼운 후춧가루만 정전기 때문에 튀어 올라가 숟가락에 달라붙은 것입니다.

대과학 • 이건 모 프로그램에 제보하면 지식개발금 100냥을 받을 수 있겠는데?

홍경래 • 꿈 깨십시오. 누구나 알고 있는 정전기 상식입니다.

대과학 • ……. (에구!)

홍경래 • ……. (돈 밝히긴)

대과학 • 좋다. 그 다음으로 넘어가지. 그럼 아낙들의 치마가 훌러덩 위로 올라간 것도 정전기 때문이냐?

홍경래 • 그렇습니다. 원래 초겨울 건조한 날씨에 정전기가 많이 생기는데 그때 아낙들이 스타킹에 모직 치마를 입으면 모직 치마와 스타킹의 마찰에 의해 정전기가 생겨 치마가 돌돌 말려 올라가는 일이 생깁니다.

대과학 • 에구, 망측하군!

홍경래 • 김밝힘 대감은 정전기를 이용하여 전기를 띤 막대기를 아낙들의 치마에 가까이 가져다 대어 치마가 올라가게 한 것입니다.

대과학 • 나쁜 놈이군!

홍경래 • 저 말입니까?

대과학 • 너 말고 김밝힘 대감말이다!

홍경래 • 맞습니다, 맞고요.

대과학 • 좋다. 실록에는 다음과 같이 쓸 것이다.

조선과학왕조 순조 때 앙등 김씨 김밝힘은 정전기의 성질을 노비들 청소시키기와 아낙들 치마 들추기 같은 나쁜 짓에 사용했다. 이에 격분한 홍경래는 전기 충격을 이용해 그를 골탕 먹였으니 아주 통쾌한 일이었다.

움직이는 개구리 요리
전지

　겨우 8살인 헌종은 아무 걱정 없이 마냥 뛰어놀 나이였지만 어린 나이에 왕위에 오르게 되었다. 어린 나이의 헌종은 뭐든 잘 먹는 건강한 아이였고 특히 개구리 요리를 좋아했다.
　"어마마마! 저는 개구리 요리가 제일 맛나옵니다. 날마다 개구리 요리만 먹었으면 좋겠사옵니다!"
　천진난만하게 웃으며 말하는 헌종을 신정왕후는 꾸지람할 수가 없었다.
　"주상! 건강을 생각하셔야 합니다. 그 음식을 좋아한다고 고집스럽게 드시다 보면 영양분을 골고루 섭취하지 못해 키가 작고 뚱뚱해질 수 있습니다."

"아니옵니다! 개구리로 여러 가지 요리를 만들어 영양분을 골고루 섭취하면 되지 않겠사옵니까? 어마마마! 저를 위해 개구리 요리 경연대회를 열어 주시어요. 어마마마."

헌종이 애교 부리며 신정왕후에게 떼를 썼다.

"네. 알았어요. 그만 좀 보채세요. 내 어미로서 주상을 위해 개구리 요리 경연대회를 열어 기쁘게 해드리지요."

신정왕후는 항상 헌종을 가엾게 여겨 뭐든 해주고 싶어 했다.

조선 팔도에 개구리 요리 경연대회가 열린다는 방이 붙자 여기저기에서 대회에 참석하고자 하는 사람들이 모여들었다. 드디어 대회 당일 헌종을 위한 개구리 요리 경연대회가 벌어졌다.

"인사드리겠사옵니다. 저는 조선과학명문 요리학교인 분식요리대학을 수석으로 졸업한 라면땅이라 하옵니다."

라면땅은 잘난 척하며 자신을 소개했다. 뒤이어 다른 사람의 소개가 이어졌다.

"인사드리겠사옵니다. 저는 황궁쟁반학교를 졸업하고 명나라에 유학가서 짬뽕맛나 박사 학위를 따온 짜장빨이라 하옵니다."

짜장빨은 자신의 박사 학위를 내밀며 인사했다. 마지막 세 번째 참가자인 대장금의 인사만을 남겨두고 있었다.

"인사드리옵니다. 저는 훌륭한 미각의 소유자 대장금이라 하옵니다."

대장금은 시골에서 갓 상경한 듯 초라한 옷차림으로 인사했다.

"그래. 모두들 잘 왔느니라! 무엇보다 그 음식에 대한 맛과 믿음으로 평가할 것이니 거품은 다 빼고 진정한 맛으로 승부하기 바란다."

신정왕후가 근엄한 목소리로 심사 기준에 대해 설명했다.

"히히히, 난 맛도 있고 보는 재미도 있었으면 좋겠구나! 어마마마 괜찮사옵니까?"

"그럼요, 괜찮지요."

드디어 개구리 요리 경연대회가 시작되고 모두들 바쁘게 움직이기 시작했다. 헌종은 고소한 냄새에 혼이 빠진 듯 이제나저제나 음식이 완성되기만을 기다렸다.

조리 시간이 끝나고 심사위원들이 음식을 시식하고 평가하기 위해 음식들 앞에 섰다. 헌종은 분식요리 대학을 수석으로 졸업한 라면땅의 요리를 먼저 맛보았다.

"아니, 이것이 무엇이냐? 맛이 좀 이상하지 않느냐?"

헌종이 음식의 맛을 보고는 이상하다며 고개를 갸우뚱거렸다.

"네, 이것은 두꺼비를 사용한 신개발 요리! 신선한 두꺼비 요리입니다. 전하!"

라면땅은 신선로에 담은 신선한 두꺼비 요리를 자신 있게 내밀었다.

"짐이 언제 두꺼비 요리가 먹고 싶다했느냐? 어험~!"

헌종은 찬바람을 횡하니 일으키고 고개를 돌려 버렸다.

"아니, 전하! 개구리나 두꺼비나 거기서 거기인데 어떻습니까?

전 색다른 맛을 내기 위해 두꺼비를 사용한 것입니다. 전하! 통촉하여 주시옵소서."

라면땅은 그제야 혼자 너무 앞서간 것을 눈치 채고 애타게 헌종을 설득해 보려 했지만 돌아오는 건 씽씽 부는 찬바람뿐이었다. 라면땅은 안타깝게도 규정 위반으로 탈락되었다.

"킬킬킬, 내 그럴 줄 알았다니까. 혼자 잘난 척 하더니 그거 쌤통이다."

짜장빨이 탈락된 라면땅을 놀리며 간사하게 웃었다.

"전하, 제가 개발한 개구리 햄버거입니다. 맛을 보시지요."

짜장빨은 갖은 애교를 떨며 헌종에게 음식을 올렸다. 짜장빨이 내놓은 음식은 개구리 햄버거인데 파프리카도 튀기고 치즈도 한 번 더 튀기고 돼지고기도 다져 넣고 빵도 기름에 퐁당 넣었다 건져서 씹을 때마다 입안에 기름이 줄줄 흘러내렸다.

"전하! 이것이 명나라에서 배운 기름 요리입니다. 헤헤헤."

짜장빨은 음식에 대한 설명을 덧붙였다.

"아니 됩니다. 주상! 얼른 뱉으세요. 조선과학왕조의 사람이 밥을 먹어야지! 그리고 올리브유도 아닌 기름을 그렇게 많이 먹다간 금방 비만과 고혈압에 걸릴지 모릅니다!"

신정왕후가 크게 호통 치며 헌종의 입으로 들어가는 개구리 햄버거를 빼앗았다. 기가 확 꺾인 짜장빨은 머리를 조아리며 물러갈 수밖에 없었다.

"전하, 저는 춤추는 개구리 스프를 준비했사옵니다. 갖가지 채

소들도 함께 넣어 골고루 영양소를 섭취할 수 있을 것이옵니다."

대장금은 헌종의 재미를 위해 코스프레한 듯 개구리 왕눈이 복장을 하고 천진스럽게 웃었다. 헌종은 장금이의 복장이 재미있는지 웃음이 떠나지 않았다.

"아주 좋은 자세구나~ 어린 주상의 눈높이를 맞추고 거기다 성장에 필요한 영양소가 골고루 들어있다니. 주상 드셔 보세요."

신정왕후가 장금이를 칭찬하며 헌종에게 숟가락을 건네주었다.

"어라! 어마마마, 이 개구리 뒷다리가 춤을 추어서 너무 신기하고 재미있사옵니다. 음~ 맛도 최고이옵니다."

헌종은 춤추는 개구리 뒷다리 스프를 맛있게 먹으며 말했다.

"전하! 이 음식은 재미와 맛을 한꺼번에 주어 보는 즐거움과 먹는 즐거움을 두 배로 느끼실 수 있을 것이옵니다."

대장금은 들뜬 목소리로 음식의 콘셉트에 대해 설명했다.

"아주 현명하구나! 네 이름이 대장금이라 하였느냐? 내 너를 수라간 궁녀로 임명하여 나의 간식을 담당하게 할 것이니라."

헌종은 장금이의 요리 솜씨와 먹는 사람을 생각하는 예쁜 마음을 높이 사서 그녀를 항상 곁에 두었다.

조선과학왕조 실록회의

조선과학왕조실록을 집필하는 사이언관에서는 이 사건에 대한 올바른 역사를 기록하기 위해 조선과학왕조 실록회의가 열렸다. 회의는 대과학 대감의 주재로 사건 관련 인물들이 참석해 진행되었다.

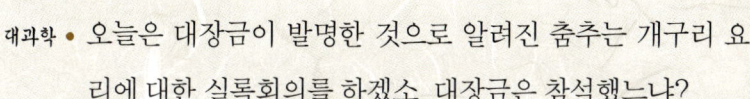

대과학 • 오늘은 대장금이 발명한 것으로 알려진 춤추는 개구리 요리에 대한 실록회의를 하겠소. 대장금은 참석했느냐?

대장금 • 여기 있사옵니다. 대과학 대감!

대과학 • 좋다. 춤추는 개구리 요리라…… 정말 이해가 안 되는 일이군. 어떻게 죽은 개구리 다리가 꿈틀거릴 수 있는 것이냐?

대장금 • 그것이 전기의 힘입니다.

대과학 • 그게 무슨 말이지?

대장금 • 실험을 해보이겠습니다.

대장금은 레몬 두 개에 금속을 꽂았다. 그리고 금속에 연결된 두 줄을 대과학 대감의 손 사이에 갖다 대었다. 그러자 대과학 대감의 손이 찌르르 움직였다.

대과학 • 이게 무슨 짓이냐!

대장금 • 대감의 손으로 전류가 흘러서 그런 것이옵니다.

대과학 • 어떻게 전류가 흘렀지?

대장금 • 전류란 전기가 흘러가는 것을 말합니다. 제가 레몬에 꽂은 두 개의 금속은 하나는 구리이고 다른 하나는 아연입니다. 그리고 레몬 안에는 수분이 많아 전기를 잘 통하게 합니다. 이렇게 서로 다른 금속을 전기가 잘 통하는 물질 속에 넣으면 두 금속 사이에는 전류가 흐르게 됩니다.

대과학 • 어디에서 어디로 흐른다는 것이냐?

대장금 • 그것은 두 금속의 종류에 따라 다른데 아연과 구리의 경우는 아연이 음의 전기를, 구리가 양의 전기를 띠게 됩니다. 전류는 양극에서 음극으로 흘러가는 성질이 있으므로 이 경우 전류는 구리에서 아연 쪽으로 흘러 들어가게 됩니다.

대과학 • 하지만 내 손이 막고 있지 않았느냐?

대장금 • 사람의 손에도 수분이 많아 전기가 잘 통합니다. 그래서 전류가 대감의 손 안으로 흘러 들어가 찌릿했던 것입니다.

대과학 • 그럼 개구리가 춤춘 것도 같은 원리인 것이냐?

대장금 • 그렇습니다. 제가 선택한 접시와 숟가락은 서로 다른 금속이었습니다. 숟가락은 아연으로, 접시는 구리였습니다. 그러므로 아연 접시 위에 놓여 있는 개구리의 다리에 구리로 된 숟가락을 가져다 대면 개구리의 다리를 통해 전류가 흐르기 때문에 개구리의 다리가 꿈틀대는 것입니다.

대과학 ● 허허. 정말 신기한 일이 아닐 수 없다. 그럼 실록에는 다음과 같이 적겠다.

조선과학왕조의 헌종은 개구리 요리를 좋아해 개구리 요리 경연대회를 열었다. 이 대회에서 시골 출신의 대장금은 서로 다른 두 금속 사이에 전기가 통하는 물질을 놓으면 그 물질을 통해 전류가 흐른다는 사실을 알고 있었다. 그래서 숟가락을 대면 춤을 추는 개구리 수프를 만들어 영예의 1등을 차지해 헌종의 간식 담당 요리사가 되었다.

정전기

용어
집현전

서로 다른 두 물체가 마찰되면 전기를 띠게 되는데 이것을 정전기 또는 마찰전기라고 불러요. 왜 정전기라고 부를까요? 그것은 마찰에 의해 모인 전기가 움직이지 않고 한 곳에 정지해 있기 때문이지요.

전기에는 양(+)의 전기와 음(-)의 전기가 있어요. 물체와 물체가 마찰되면 둘 중 하나는 양의 전기를 띠고 다른 하나는 음의 전기를 띠게 되죠.

물체가 전기를 띠는 이유는 두 물체 사이에서 전자가 이동하기 때문이에요. 모든 물질은 원자로 되어 있고 원자는 양의 전기를 띤 원자핵과 음의 전기를 띤 전자로 이루어져 있지요. 물체가 전기를 띠기 전에는 원자핵이 가진 양의 전기와 전자들이 가진 음의 전기가 같은 크기가 되어 전기를 띠지 않아요. 그런데 두 물체를 마찰시키면 두 물체 중 한 물체에서 다른 물체로 전자가 이동하지요. 이때 전자를 얻은 물체는 음의 전기를 띠고 전자를 잃어버린 물체는 양의 전기를 띠어요.

과학자들은 두 물체를 마찰시킬 때 어느 물체가 양(+)전기를 띠고 어느 물체가 음(-)전기를 띠는지 실험을 통해 알아냈는데 다음과 같아요.

(+) 털가죽 - 유리 - 명주 - 나무 - 고무 - 플라스틱 (-)

위 표에서 왼쪽에 있는 물체는 전자를 내놓기 쉬운 물체이고 오른쪽에 있는 물체는 전자를 받기 쉬운 물질이에요. 그러니까 명주로 유리를 문지르면 유리가 전자를 내놓기 쉬우니까 유리에서 전자가 나와 명주로 이동하여 유리는 양(+)전기를 띠고 명주는 음(-)전기를 띠지요. 이때 두 물체 사이의 간격이 클수록 정전기를 더 많이 띠게 되요. 즉, 털가죽을 플라스틱으로 문지를 때 더 많은 전기가 생기는 것이죠.

쿨롱의 법칙

전기를 띤 두 물체 사이의 힘을 전기력이라고 불러요. 전기력은 같은 부호의 전기 사이에는 서로 미는 힘이 작용하고 다른 부호의 전기 사이에는 서로 당기는 힘이 작용하지요. 물체가 전기를 얼마나 많이 띠었는가를 나타내는 양을 전하량이라고 하는데 전기력은 두 물체의 전하량이 클수록 커지지요.

전기를 띤 두 물체 사이 전기력의 크기는 두 물체의 전하량의 곱에 비례하고 떨어진 거리의 제곱에 반비례하는데, 이 법칙은 프랑스의 물리학자 쿨롱이 처음 발견했기 때문에 쿨롱의 법칙이라고 불러요. 쿨롱의 법칙은 전하량을 질량으로 바꾸면 만유인력의 법칙과 비슷한 모습이에요. 하지만 만유인력이 서로 당기는 힘만 있는 반면, 전기력은 당기는 힘뿐만 아니라 서로 밀치는 힘도 존재하는 차이가 있지요.

번개 만들기

간단하게 인공 번개를 만드는 방법에 대해 알아보죠. 먼저 안테나를 길게 잡아 뺀 라디오, 풍선, 두꺼운 털옷을 준비하고 커튼을 쳐서 방을 어둡게 만든 다음 풍선을 털옷에 열 차례 정도 문지른 후 풍선을 라디오의 안테나에 가까이 가지고 가면 번쩍거리는 작은 번개를 볼 수 있어요. 잘 보이지 않으면 털옷으로 풍선을 더 많이 문질러 보면 되죠.

왜 인공 번개가 생길까요? 번개는 전기를 띤 물체가 허공을 따라 움직이는 방전 현상인데 털가죽으로 풍선을 문지르면 털가죽에서 전자가 풍선으로 옮겨져 풍선은 음(−)의 전기를 띠게 되고 이때 안테나 근처에 풍선을 놓으면 풍선에 있던 전자들이 안테나로 옮겨 가면서 전기의 흐름이 생겨 번개가 만들어지는 거죠.

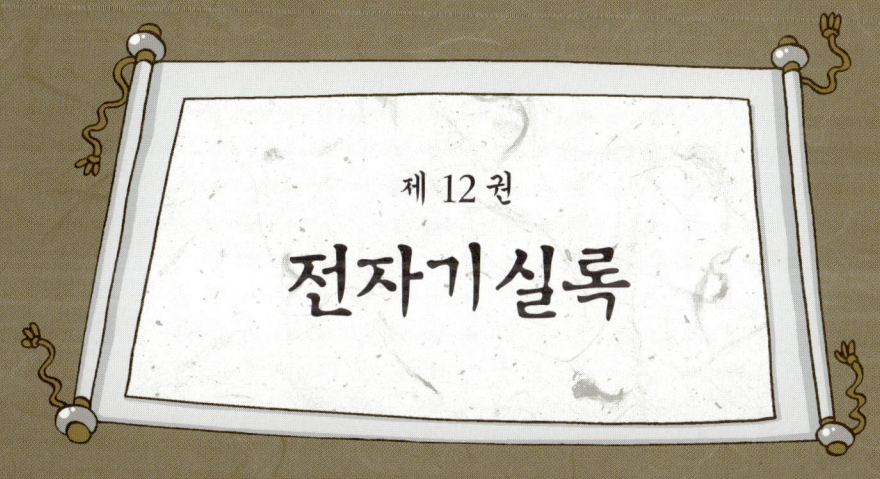

마그넷교의 박해
자석

대원군의 자동 부채
전자기 유도

플레이보이호 사건
전자석

마그넷교의 박해
자석

조선과학왕조 철종 때 한양에서 가까운 어느 작은 마을에 신비의 돌을 들고 나타난 이가 있었으니 그는 사이비 종교인 마그넷교의 교주였다. 그는 마을 구석구석 돌아다니며 신비의 돌에 대해 설명하기 시작했다.

"강한 믿음이 있는 자! 이 신비의 돌로 하여금 천당으로 안내되어 영원한 생명과 건강한 아름다움을 얻을 것이다. 내가 신비의 돌로 향하는 지름길을 열어 줄 것이오!"

훌렁 까진 대머리에 얼굴은 심술보를 축 늘어뜨리고 시커먼 입술을 조잘거리는 마그넷교 교주는 양손에 팔찌처럼 찬 돌을 번쩍

들어 보이며 말했다.

"아니, 도대체 저것이 뭐에 쓰는 물건인교?"

"글쎄, 나도 잘 모르겠는데?"

순박한 마음씨에 배운 지식이 없던 순진한 마을 사람들은 아리송한 눈으로 마그넷교 교주를 쳐다보았다.

"아~ 믿음이 없는 자 지옥으로 갈 것이며 믿음이 강한 자 천당으로 가서 영원한 생명을 얻을 것이니, 이 신비의 돌이 그 판단을 내릴 지니라!"

교주는 사람들의 웅성거림에 한층 목소리를 높였다. 이 말과 동시에 콩알 만한 돌멩이를 앞뒤로 자유롭게 움직여 보였다.

"그대들은 보았는가? 이 신비의 돌의 힘을!"

교주가 돌멩이를 움직이자 사람들의 눈이 모두 휘둥그레졌다.

"옴마마! 조것이 저절로 막 움직여?"

"진짜인가 보네? 진정 믿어야 천당간다는 겨?"

순진했던 마을 사람들은 너나 할 것 없이 팔랑 귀가 되어 마그넷교 교주를 둘러쌌다.

"보라! 백성들이여! 그대들은 신비의 돌의 축복을 받았으니 이 자석 헤어밴드를 머리에 둘러 그 믿음을 확인하시오!"

사람들이 신기해 하자 마그넷교 교주가 슬슬 본색을 드러내며 사람들을 농락하기 시작했다.

"저도 하나 주시오!"

"여기도 하나 주랑께!"

마을 사람들은 만 냥이나 하는 자석 헤어밴드를 마구 사들이기 시작했다.

"그대들은 이제 마그넷교의 신도들이 되었으니 그 믿음을 한 번 더 확인시켜야 하오! 주위의 친구들을 두 명 이상 데리고 오시오!"

마그넷교 교주의 말이 끝나기 무섭게 마을 사람들은 친척을 포함해 초등서당 친구들까지 끌어 모으기 시작했다.

마그넷교는 사이비 종교로서 순진한 사람들을 끌어들여 비싼값에 헤어밴드를 팔아 이득을 남기는 것이었다. 우두머리였던 교주는 이 동네 저 동네를 떠돌아다니던 거지였고 우연히 알게 된 자석의 힘을 이용해 순진한 사람들을 상대로 자신의 이익을 챙기고 있었다.

"이히히~ 이게 도대체 얼마야? 진짜 무식한 사람들이라니까!"
교주는 자석 헤어밴드로 강매한 돈을 발가락으로 세며 히죽거렸다.

"교주님~ 여기 친구들을 데리고 왔습니다!"
저 멀리서 마을 사람 한 명이 헐레벌떡 뛰어오고 있었다. 그는 귀가 아주 크고 뛸 때 마다 팔랑거려서 동네 사람들은 귀팔랑이라 불렀다.

"음~ 좋소. 그대는 천당 문이 다른 사람들보다 더 일찍 열릴 것이오! 두 사람은 모두 자석 헤어밴드를 착용하시오! 마그넷교의 믿음을 확인하겠소!"
교주는 두 사람에게 자석 헤어밴드를 착용하게 하고 눈치를 보기 시작했다. 귀팔랑이 데리고 온 사람은 영문도 모른 채 헤어밴드를 손에 쥐고 머뭇거렸다.

"이게 뭐야? 무슨 장난하는 거야?"
의심이 많은 의심병이 불만을 잔뜩 늘어놓았다.

"아냐, 그러지 말고 우리 한 번 해보자! 진짜 천당으로 안내해 줄 지 누가 아니?"
얇은 귀의 소유자였던 귀팔랑이 친구를 설득시켰다.

"자~ 믿음이 강한 자 나에게 끌려올 것이오, 믿음이 약한 자 나에게서 멀어질 것이니 오직 이 신비의 돌만이 알 수 있소!"
마그넷교 교주는 자석의 원리를 알고 있던 터라 오른손에 N극,

왼손엔 S극의 자석을 차고 있었다. 미리 준비해둔 자석 헤어밴드는 N극이어서 그 원리를 이용하였다. 교주는 자신을 믿고 있는 귀팔랑에게 왼손을 들어 올려 자신에게 끌려오게 했고 믿지 않고 의심이 많은 의심병에게는 같은 극인 N극을 찬 오른손을 들어 올려 밀어내었다.

"우와~ 정말이야! 나 진짜 천당에 갈 수 있나봐!"

귀팔랑은 좋아하며 폴짝폴짝 뛰었다. 반면 의심병은 울상이 되어 돌아갈 수밖에 없었다. 이 일은 일파만파로 사람들에게 퍼졌고 마그넷교는 점점 그 힘이 커져 갔다. 마을 사람들은 일도 팽개치고 마그넷교에 푹 빠져 있자 이 사실이 포도대장의 귀에 들어갔다.

"어허, 마을 모습이 참으로 우습게 돌아가는구나! 저 사이비 교주에게 홀려 농사도 그만두고 자식도 내팽개치니 가만두고 볼 수가 없도다!"

포도대장은 교주를 쫓아내기 위해 궁리를 하기 시작했지만 좋은 생각이 떠오르지 않았다. 그래서 포도 대장은 일단 무력으로 진압하기 위해 많은 포졸들을 앞세워 마그넷교 교주를 찾아갔다.

"네 이놈~! 네가 엉터리 거짓말로 사람들을 현혹시키느냐! 어디 맛 좀 봐라!"

포도대장은 갑옷을 입고 칼과 창으로 무장한 포졸들을 앞세워 마그넷교 철문을 부수려 했다. 허나 이게 웬일인가? 마그넷교의 철문에 포졸들이 가까이 가자 힘 한 번 써보지 못하고 척척 달라붙어 버렸다.

"엥? 도대체 저 영악한 놈이 철문에다 무슨 짓을 해놓은 것이냐?"

"대장님! 보아하니 저 문은 보통 문이 아닌 듯하옵니다. 저 마그넷교 교주는 자석의 힘을 미리 알고 문을 자석으로 만들어 칼과 창을 붙어 버리게 하는 것 같사옵니다."

포도대장의 오른팔로 있는 과학 장군이 말했다.

"어허, 그렇다면 어찌하여야 하겠느냐?"

"대장님! 일단 자석의 힘을 약하게 해야 하오니, 불화살을 쏘아 봄이 좋을 듯하옵니다."

"불화살을 쏘면 저 문을 부술 수 있단 말이냐?"

"그렇사옵니다. 분명 불화살을 쏘면 자석의 힘이 약해져서 문을

부술 수 있을 것이옵니다."

"알겠느니라! 모두 짚더미를 대문 앞으로 던지고 불화살을 쏘아라!"

포도대장은 과학 장군이 시키는 대로 문에 불을 질렀다. 칼과 방패를 든 포졸들은 더 이상 자석 철문에 붙지 않았고 마그넷교 교주를 일망타진할 수 있었다. 포도대장은 교주를 사기죄로 잡아들여 옥살이시켰으며 마을에는 다시 평화가 찾아왔다.

조선과학왕조 실록회의

조선과학왕조실록을 집필하는 사이언관에서는 이 사건에 대한 올바른 역사를 기록하기 위해 조선과학왕조 실록회의가 열렸다. 회의는 대과학 대감의 주재로 사건 관련 인물들이 참석해 진행되었다.

대과학 • 오늘은 마그넷교 교주 사건에 대한 실록회의를 하겠소.

한자기 • 과학헌전에서 자석에 대한 연구를 하고 있는 한자기라고 합니다.

대과학 • 자석? 그게 무엇인가?

한자기 • 쇠붙이가 달라붙은 신비의 돌입니다.

대과학 • 그럼 마그넷교가 신비의 종교란 말인가?

한자기 • ……. (헉! 말귀를 저렇게 못 알아듣다니!)

대과학 • ……. (못 알아들을 수도 있지!)

한자기 • 마그넷교는 자석을 이용하여 사기를 친 사이비 종교입니다.

대과학 • 어떻게 사기를 친 것인가?

한자기 • 자석은 두 개의 극이 있습니다. 하나는 항상 북쪽을 가리키는 N극이고 그 반대쪽은 남쪽을 가리키는 S극입니다. 그런데 자석 사이에는 힘이 작용하는데 이 힘을 자기력이라고 부릅니다. 그런데 같은 종류의 극끼리는 서로를 밀치고 다른 종류의 극끼리는 서로 잡아당기는 성질이 있습니다.

대과학 • 항상 자석은 두 개의 극을 가지고 있는 것인가?

한자기 • 그렇습니다. 자석은 아무리 작게 쪼개고 또 쪼개도 두 개의 극이 생깁니다. 그것이 바로 자석의 특징입니다.

대과학 • 전기와 달리 항상 쌍으로 노는 군!

한자기 • 정확한 표현입니다.

대과학 • 그럼 이번 사기 행위의 원리는 무엇인가?

한자기 • 자기력을 이용한 것입니다. 교주는 양손에 서로 다른 극의 자석을 가지고 헤어밴드에는 N극이 밖으로 향하게 해 놓았습니다. 그래서 헤어밴드의 자석과 같은 극의 자석을 가까이하면 그 사람이 밀쳐지고 반대의 극을 가까이하면 그 사람이 다가오게 되어 있습니다. 그는 이를 마치 믿음이 강한 자와 믿음이 부족한 자인 것처럼 사람들을 속인 것입니다.

대과학 • 그렇군! 그럼 마지막에 포도대장이 교주를 잡을 때 불로 공격한 이유는 뭔가?

한자기 • 마그넷교 교주의 집 대문은 강한 자석입니다. 그러니까 쇠붙이로 된 창이나 칼, 갑옷은 문에 달라붙게 됩니다. 그래서 자석의 힘을 약하게 하기 위해 불을 사용한 것입니다.

대과학 • 불을 사용하면 자석이 약해지는 것인가?

한자기 • 물론입니다. 자석을 약하게 하는 방법으로는 자석을 뜨겁게 하거나 망치로 때려 충격을 주거나 자석에 강한 전류를 흘려보내는 것입니다. 포도대장은 그 중에서 가장 쉬운 불을 사용한 것입니다.

대과학 • 과학의 승리군! 그럼 실록에는 이와 같이 적겠네.

　　　조선과학왕조 철종 때 자석을 이용한 사이비 종교 마그넷교가 번성하였다. 그들은 자기력의 성질을 이용하여 민심을 현혹시켰는데 이로 인해 사람들의 생활이 어려워졌다. 그래서 포도대장이 자석으로 되어 있는 마그넷교 교주의 집 대문을 불화살로 공격하여 자석의 힘을 약화시키고 교주를 물리쳤다.

대원군의 자동 부채
전자기 유도

　조선과학왕조 철종 때 훗날 대원군이 되는 고종의 아버지 흥선군 이하응이 살고 있었다. 그는 왕족이지만 돈을 버는 족족 발명하는 것에 모두 사용해 매우 가난했다.
　당시는 안동 김씨의 세도가 절정에 이르렀는데 이하응은 자신의 발명품을 안동 김씨의 집에 팔아 근근이 입에 풀칠을 하며 지냈다. 그 날도 흥선군은 얼마 전 발명한 발명품을 들고 좌의정의 집으로 향했다.
　"이리 오너라."
　흥선군이 좌의정의 집 앞에서 외쳤다. 그러자 좌의정의 하인이 문을 반쯤 열고 행색이 초라한 흥선군을 발견하고는 그를 조롱하듯 말했다.

"대감은 출타 중이오. 그리고 당신 같은 거지를 만날 시간이 없소."

"허허! 이 놈 봐라! 내가 아무리 거지 행색을 했다 하나 엄연히 조선과학왕조의 왕족이니라."

"왕족도 왕족 나름이지요, 당신이 왕족이면 난 황족이오."

하인은 이렇게 말하고는 문을 쾅 닫고 안으로 들어갔다.

"안동 김씨의 세도가 극에 달했구나! 일개 하인이 왕족을 이렇게 무시하다니 말이야."

흥선군은 할 수 없이 문 앞에서 좌의정을 기다렸다. 잠시 후 집에 도착한 좌의정이 기다리고 있는 흥선군을 발견했다.

"흥선군 아니시오? 그런데 그 꼴이 무엇입니까? 일단 안으로 들어갑시다."

좌의정은 교자에서 내려 흥선군을 자신의 집 안으로 데리고 들어갔다. 천하의 좌의정이라 하더라고 왕족인 흥선군을 완전히 무시할 수는 없었기 때문이다. 좌의정은 흥선군을 사랑채로 들이고 하인에게 다과상을 준비시킨 후 마주 앉았다.

"오늘은 무슨 일로 왔습니까?"

"대감께 보여드릴 새로운 물건이 있습니다."

흥선군은 낡은 도포 소매에서 조그만 핸드 선풍기를 꺼냈다. 핸드 선풍기는 전동기에 프로펠러를 붙여 놓은 것이었다.

"이게 무엇입니까?"

"자동 부채입니다."

"자동 부채? 근데 무슨 모양이 이렇게 생겼습니까? 전혀 부채 모양이 아닌 것 같습니다만."

좌의정이 의심스러운 눈으로 자동 부채를 이리저리 살폈다.

"부채를 부치면 시원한 이유는 부채가 바람을 일으켜 몸에 붙어 있던 땀을 빠르게 증발시키기 때문입니다. 증발이란 액체인 땀이 기체인 수증기로 바뀌는 것인데 이때 열이 필요합니다. 그 열을 사람의 피부에서 빼앗기 때문에 몸의 온도가 내려가는 것이고요."

홍선군이 증발의 과학적인 원리에 대해 자세히 설명했다.

"대단한 과학 지식입니다. 아무리 행색이 초라해도 왕족은 맞나 봅니다. 그런데 이 자동 부채는 어떻게 사용하는 것입니까?"

좌의정이 자동 부채의 프로펠러를 유심히 쳐다보고 있을 때 홍선군이 스위치를 올리자 프로펠러가 돌아갔다.

"으악!"

좌의정의 수염이 프로펠러 사이에 끼면서 함께 돌아간 것이었다. 이것 때문에 좌의정이 십 년간 정성스레 관리한 수염의 일부가 뿌리째 뽑히면서 엉망진창이 되었다.

"이게 무슨 자동 부채요? 엽기 면도기지."

좌의정은 거울을 꺼내 망가진 수염을 보면서 짜증 섞인 목소리로 말했다.

'히히, 안동 김씨 놈들 샘통이다. 누가 프로펠러에 긴 수염을 가

까이 가져다 대랬냐?'

 흥선군은 속으로 쾌재를 불렀다. 이렇게 대신들을 골탕 먹이고 곤란에 빠뜨렸지만 흥선군이 왕족인지라 좌의정은 그를 어쩔 수 없었다. 그 후로도 흥선군은 자동 부채를 들고 안동 김씨의 집안을 이리저리 방문하여 세도가들에게 일침을 놓았다. 그때부터 흥선군의 새 발명품인 자동 부채는 안동 김씨 가문 최대의 적이 되었다.

조선과학왕조 실록회의

조선과학왕조실록을 집필하는 사이언관에서는 이 사건에 대한 올바른 역사를 기록하기 위해 조선과학왕조 실록회의가 열렸다. 회의는 대과학 대감의 주재로 사건 관련 인물들이 참석해 진행되었다.

대과학 ● 오늘은 흥선군의 자동 부채 사건에 대한 실록회의를 하겠습니다. 그런데 부채가 혼자 빙글빙글 돈다는 것이 정말입니까?

이하응 ● 그렇습니다. 부채가 돌아간다기보다는 날개가 돌아간다는 표현이 더 좋을 것 같습니다.

대과학 ● 어떻게 날개가 저절로 돌아가는 것입니까? 혹시 그 자동 부채 안에 아주 작은 사람이 들어가서 열심히 손으로 돌리는 것이 아닙니까?

이하응 ● 지금 소설 씁니까? 자동 부채 안에 들어갈 사람이 어디 있습니까?

대과학 ● 몰라서 그랬으니 우리 점잖게 회의합시다.

이하응 ● 알겠습니다.

대과학 • 뭐가 날개를 돌리는 것인지 알려 주십시오.

이하응 • 그것은 전동기라는 것입니다. 미국 사람들 말로는 모터라고 합니다.

대과학 • 그건 뭐에 쓰는 물건입니까?

이하응 • 전동기를 건전지에 연결하면 전동기의 축이 빙글빙글 돌아갑니다. 그 축에 날개를 꽂으면 날개가 돌아가서 자동 부채가 되는 것입니다.

대과학 • 전동기 안에 뭐가 들어 있는데 빙글빙글 돌아갑니까?

이하응 • 전동기 안에는 자석이 있고 자석 사이에는 직사각형 고리 모양의 도선이 있습니다. 그 도선은 건전지의 양극과 음극이 연결되어 있습니다.

대과학 • 그럼 빙글빙글 돕니까?

이하응 • 그렇습니다. 자석 사이에 전류가 흐르는 고리 모양의 도선이 있으면 그 도선은 힘을 받게 됩니다. 그 힘 때문에 도선이 회전을 하는 것입니다.

대과학 • 이를 이용하면 정말 재밌는 것을 많이 만들 수 있겠습니다. 아무튼 실록에는 다음과 같이 적겠습니다.

조선과학왕조 철종 때 흥선군 이하응은 전동기를 이용하여 자동 부채를 만들었다. 이것으로 세도 정치를 펼치던 안동 김씨 사람들을 골탕 먹였다.

플레이보이호 사건
전자석

"부르릉~ 부르릉~ 통통."

잔잔한 대동강에 모터보트 하나가 강물을 가르며 나타났다. 무지개 색의 화려한 색을 칠한 배는 '플레이보이호' 라는 이름표를 달고 있었다.

"희한하고 찬란한 색깔의 저것이 도대체 뭐여?"

아낙 한 명이 빨래를 대야에 담으며 물었다.

"나도 모르겠네, 그나저나 물고기도 아닌 것이 무지하게 크고 빠르구먼!"

조선과학왕조 아낙네들이 대동강 물에서 빨래를 헹구며 신기한 듯 배를 쳐다봤다.

　미국 국적의 '플레이보이호'에는 세 명의 미국인들이 타고 있었다. 배는 서서히 내동강 하구에 다다랐고 세 명의 미국인들이 한 명씩 배에서 내리기 시작했다.

　"저 우람한 체격 좀 보게, 우리 서방과는 비교가 안 돼!"

　조선 아낙 하나가 아놀드슈왈제너거 같은 건장한 체격의 사내를 보며 칭찬했다.

　"뒤에 한 명 더 내리잖아? 우와~ 미남이여! 어쩜 남자가 저렇게 고울 수 있을까? 홀딱 반하겠구먼! 완전 레오나르도 디카프리오야."

　빨래를 하던 아낙들은 그들을 보며 모두 감탄했다. 마지막으로 내리는 미국 사내 또한 앞서 내린 2명처럼 출중한 외모를 자랑했다. 마지막 미국 사내는 윙크까지 하며 인사를 했다.

　"꺄~악! 지금 시방 나한테 윙크한 거 맞지?"

　"아니야~ 진주댁! 나한테 윙크한거야!"

　3명의 미국 사내들 때문에 동네 아낙들이 흥분하기 시작했다.

　"오~ 나는 이 더운 여름날 예쁜 여러분들 시원하게 해주기 위해서 온 거예요! 모터보트, 수상 스키, 파라셀링, 없는 거 빼고 다 있으니까 오세요. 세 가지 다하면 패키지 상품으로 할인도 된다구요."

　노랑머리에 파란 눈을 가진 미국인은 애교스런 말투로 서툴게 조선말을 했다. 얼마 후 대동강 근처의 평양 일대는 모두 '플레이보이호'의 등장으로 떠들썩해 졌다. 아낙들과 처자들의 발길이 끊이지 않았고 불티나게 패키지 상품은 팔려 나갔다. 이 소식은 조선과학왕조의 궁궐까지 전해져서 후궁들도 대동강의 '플레이보이호'에 가기 위해 안간힘을 쓰고 있었다.

"아니, 도대체 저 궁녀들과 후궁들이 어딜 가는 것이냐?"

홍선대원군이 어수선한 궁 안의 기운을 감지하고 물었다.

"대동강 하류에 미국인들이 '플레이보이호'라는 배를 타고 와서 장사를 한다 하옵니다."

내시가 머리를 조아리며 대원군의 물음에 답했다.

"뭐야! 아니 그럼 조선의 돈이 그 미국 놈들에게 솔솔 빠져나가고 있단 말이냐? 쯧쯧, 조선과학왕조가 도대체 어떻게 돌아가고 있는 것이야!"

대원군은 끓어오르는 화를 억누르며 당장 고종을 찾아갔다. 대원군은 고종에게 이 사실을 알려 대책을 세우고자 했다.

"주상! 지금 미국 놈들이 겁도 없이 조선과학왕조에 들어와 장사를 한다 합니다. 그들을 돌려보내는 정책을 펼쳐야 합니다!"

홍선대원군의 단호한 말투에 고종은 홍선군의 의견을 무조건 승낙할 수밖에 없는 분위기가 형성되었다.

"네, 아바마마께서 좋은 정책을 채택해서 시행해 주세요."

고종은 내심 수상스키나 모터보트가 어떤 것인지 궁금했지만 홍선대원군이 강력하게 반대하자 그 의견에 따를 수밖에 없었다. 대원군은 이 문제로 과조 판서인 이자석 대감을 불러 함께 의논했다. 자석 전문가였던 그는 자석을 이용한 묘안을 내놓았다.

그날 밤 미국인들이 잠든 틈을 이용해 이자석 대감과 병사들은 '플레이보이호'를 향해 초강력 지석을 줄 끝에 매달아 쏘아 올렸다.

"피~융, 털커덕!"

자석을 쏘자 철에 자석이 붙으면서 큰소리가 났다. 이자석 대감은 순간 자세를 낮추었다.

"쉿! 모두 조용히 해!"

이자석 대감은 미국인들이 깰까봐 병사들에게 주의를 주었다.

다음날 이자석 대감은 동이 트고 날이 밝자 대원군과 고종을 '플레이보이호'가 떠 있는 대동강으로 불렀다.

"이 미국 놈들!"

대원군이 스피커에 입을 갖다 대고 소리를 질렀다. 시끄러운 소리가 들리자 고개를 갸우뚱거리며 미국인 세 명이 배의 갑판으로 나와 눈을 비비적거렸다.

"아직 영업 안 해요. 나중에 다시 오세요."

영문을 모르는 미국인들이 대원군*을 돌려보냈다.

 조선왕조실록 들춰보기

● 흥선대원군 이하응(쇄국정책) : 고종의 아버지로 고종이 12세에 왕위에 오르자 자신이 직접 나라를 다스린다. 그 당시 부패한 안동 김씨 세력을 몰아내고 왕실의 위엄을 나타내기 위해 경복궁을 중건한다. 그리고 서구 열강들의 틈에서 조선을 지킨다는 명목으로 다른 나라들과 통상, 교역을 금지하는 정책인 쇄국정책을 폈다.

그러자 그 모습에 더 화가 난 대원군은 더 크게 소리를 질렀다.
"우리나라에 왜 왔니? 왜 왔니? 왜 왔니?~."
그제야 눈치 챈 미국인들은 신경질적으로 소리치며 대답했다.
"돈을 벌러 왔단다~ 왔단다~ 왔단다~."
미국인들도 한 치의 물러섬이 없자 흥선군의 표정이 일그러지기 시작했다.
"이 고얀 것들! 다시는 이 조선과학왕조에 발도 못 붙이게 할 테다. 어디 고생 좀 해보거라!"
대원군은 금방이라도 터질 듯한 얼굴로 선전포고하고 지시를 내렸다.

"모터 작동시켜!"

대원군의 말이 떨어지기 무섭게 이자석 대감은 스위치를 올려 배에 붙어 있던 줄을 감았다. 순식간에 배에 붙어 있던 줄이 감기고 빠르게 육지로 당겨져 오던 배는 아낙들이 빨래하는 빨래터에 부딪쳤고 미국인들은 날아올랐다.

날아오른 미국인들은 미리 이자석 대감이 준비한 똥 밭에 떨어졌다.

"마이 갓~ 웩~ 똥 냄새."

"이쪽은 소똥 밭인가봐~ 우웩!"

이 일로 혼쭐난 미국인들은 다시는 오지 않겠다며 줄행랑을 쳤다. 이리하여 대원군은 '미국인 고 홈' 정책을 성공적으로 마칠 수 있었다.

조선과학왕조 실록회의

조선과학왕조실록을 집필하는 사이언관에서는 이 사건에 대한 올바른 역사를 기록하기 위해 조선과학왕조 실록회의가 열렸다. 회의는 대과학 대감의 주재로 사건 관련 인물들이 참석해 진행되었다.

대과학 • 오늘은 '플레이보이호' 사건에 대한 실록회의를 시작하겠소. 누가 얘기할 것인가?

이자석 • 그거야, 전쟁 영웅인 제가 해야 하지 않겠습니까?

대과학 • 요즘 사람들은 겸손하지가 못하군!

이자석 • 솔직담백한 세대라고 해 주시면 감사드리겠습니다.

대과학 • ……. (저 사람을 그냥!)

이자석 • ……. (개성을 인정하세요!)

대과학 • 도대체 어떻게 '플레이보이호'를 골탕 먹인 것인가?

이자석 • 전자석을 이용했습니다.

대과학 • 전자석? 그게 뭔가?

이자석 • 전기를 흐르게 하면 자석이 됐다가 전기가 끊어지면 자석이 안 되는 그런 것입니다.

대과학 • 박쥐같은 놈이군!

이자석 • ……. (무슨 소릴 하는 거야?)

대과학 • 전사석은 어떻게 만드는가?

이자석 • 못과 같이 전기가 잘 통하는 물체에 전선을 감습니다. 그리고 전기를 흘려보내면 전자석이 만들어집니다.

대과학 • 그럼 일반 자석보다 강력한가?

이자석 • 일반 자석은 자석의 세기를 변화시킬 수가 없지만 전자석은 바꿀 수 있습니다.

대과학 • 어떻게 말인가?

이자석 • 못에 전선을 촘촘히 많이 감으면 자석의 세기가 커지고 센 전류를 흘려보내도 자석의 세기가 커집니다.

대과학 • 허허. 자유자재의 자석이군!

이자석 • 그렇습니다. 특히 전자석의 좋은 점은 아까 대감께서 얘기하셨듯이 언제는 자석이 되고 언제는 자석이 안 되는 점입니다.

대과학 • 그게 왜 좋은 점인가?

이자석 • 전자석을 이용하여 무거운 쇠붙이를 이동할 때 편리하기 때문입니다.

대과학 • 그게 무슨 말인가?

이자석 • 전류를 흘려 전자석에 쇠붙이를 달라붙게 한 다음 적당한 장소로 이동시키고 전기를 끊어 주면 달라붙어 있던 쇠붙이가 그곳에 떨어지게 됩니다. 이것을 이용하면 무거운 대포도 사람의 힘을 쓰지 않고 쉽게 이동시킬 수 있습니다.

대과학 • 우와! 그거 참 좋구만. 당장 국방과학연구소에 전자석을 이용하라고 해야 겠어.

이자석 • 제가 거기서 연구하고 있으니 이미 만들 건 다 만들어 놓았습니다.

대과학 • 에구……. 공을 좀 세워 보려 했더니 틀렸군!

이자석 • …….

대과학 • 그렇다면 자네는 센 전류를 흘려 만든 전자석을 줄에 매달아 '플레이보이호'에 철커덕 달라붙게 한 다음 전동기를 이용하여 '플레이보이호'를 육지로 잡아당겨 망신을 주었다는 애기군!

이자석 • 그렇습니다.

대과학 • 그럼 이제 정리가 되었으니 실록에는 다음과 같이 적겠네.

조선과학왕조 고종 시절 대원군이 쇄국정책을 펼치고 있을 때 대동강에 나타난 '플레이보이호'의 미국인들은 조선 사람들을 상대로 장사를 하고 있었다. 이에 분노한 대원군은 이자석 대감을 보내 전자석을 이용하여 그들을 물리치게 하였다.

자석과 자기력선

자석이 있을 때 주위의 철가루들이 어떻게 늘어서는 지에 대해 알아보죠. 막대자석 위에 투명한 판을 놓고 투명판을 흰 종이로 덮은 후 종이 위에 철가루를 뿌려요. 그리고 투명판을 손가락으로 톡톡 치면 종이 위에 철가루들이 늘어선 모양은 어떻게 될까요?

이 실험에서 보면 철가루들이 자석의 N극과 S극을 연결하는 동그란 모양으로 늘어서 있다는 것을 알 수 있어요. 또한 자석의 N극과 S극 주위에는 철가루들이 많이 몰려 있는데 이것은 자석의 극 부분에 힘이 가장 세기 때문이지요.

이를 통해 자석 주위에 어떤 모습으로 힘이 작용하는지 알 수 있어요.

전자기 유도

전자기 유도란 전기력과 자기력에 관한 성질이에요. 1831년 영국의 패러데이가 발견한 현상이지요. 그는 건전지가 연결되지 않은 회로에서 전선의 일부를 고리 모양으로 만들었어요. 이 회로는 건전지가 없으므로 전류가 흐르지 않아요. 그런데 그가 고리 안으로 자석을 가까이 가져다 대는 순간 회로에 전류가 흘렀어요. 그리고 반대로 고리 안의 자석을 멀리하면 전류가 반대 방향으로 흘렀지요. 패러데이는 고리에서 자석의 움직임이 건전지가 없는 회로에 전기를 줄 수 있다는 것을 알아냈지요. 그래서 이번에는 자석을 고정시키고 고리를 자석에 가까이 가져갔어요. 그 경우도 역시 회로에 전기가 흘렀지요.

패러데이는 고리 앞에 전자석을 고정시키고 스위치를 열어 전자석에 전류가 흐르지 않게 했어요. 물론 이때는 회로에 전류가 흐르지 않았어요. 패러데이가 스위치를 닫자 고리가 있는 회로에 전류가 흘렀어요. 전자석에 전류가 흘러 자석이 되었기 때문이지요. 이 경우를 보면 스위치를 닫았을 때는 자석이 아니므로 자석에 힘이 없다가 스위치를 닫는 순간 고리 앞에 자석의 힘이 작용하면서 회로에 전류가 흐르게 된 것이지요.

막대자석과 고리 사이의 거리가 달라지면 자석의 힘이 달라져요. 물론 고리를 막대자석에 가까이해도 고리에 작용하는 자석의 힘이 달라지지요. 또한 고정된 위치에 있는 전자석은 전류가 흐르는 순간 자석의 힘이 작용해요.

패러데이는 일련의 실험을 통하여 건전지와 연결이 안 된 회로의 고리 앞에 있는 자석의 힘은 크기가 달라지면 회로에 전류가 유도된다는 것을 알아냈어요. 이렇게 자석의 힘이 고리 앞에서 달라질 때 회로에 전류가 흐르는 현상을 패러데이의 전자기 유도 법칙이라고 불러요.